Stefanie Glaschke

Schenk dir Zeit!

Stefanie Glaschke

Schenk dir Zeit!

Schluss mit Stress

AIRA

Für Justus und Jimbo,
die mir die schönsten Zeitinhalte im JETZT bieten.

MIX
Papier aus verantwortungsvollen Quellen
FSC® C106847
FSC
www.fsc.org

www.aira-verlag.de

Umschlagkonzeption und -gestaltung: Verlag AIRA
Umschlagmotiv: © Dudarev Mikhail - Fotolia.com
Textillustration: Ulrich Magin
Satz: Arnold & Domnick, Leipzig
Herstellung: fgb • freiburger graphische betriebe
www.fgb.de

Printed in Germany
ISBN 978-3-95474-012-3

Inhalt

Einleitung

In einer Zeit, in der von allem zu viel vorhanden ist und in der es Nahrungsmittel, Platz, Kleidung und alles andere an materiellen Gütern so reichhaltig gibt, dass die Menschen schon vom Überfluss krank werden können, fehlt es doch an einem Rohstoff scheinbar ganz deutlich: Es fehlt an Zeit. Wir essen uns übergewichtig, die Kleiderschränke quellen über, wir brauchen kaum noch 1000 Schritte pro Tag zu Fuß zu gehen, doch viele von uns modernen Menschen leiden. Alles wird schneller, das Internet und die Technik machen es möglich, und dennoch scheint die Zeit immer knapper zu werden. Obwohl die Familien sich nicht mehr um eine Kinderschar und um die Alten kümmern müssen, bleibt uns selbst für das einzige Kind oder die Oma im Seniorenheim oft keine Zeit mehr. Was machen wir falsch? Das Jahr hat wie eh und je 365 Tage. Jedes Jahr dauert 8760 Stunden oder 525 600 Minuten. Das ist viel Zeit. Wir arbeiten nicht mehr 60 Stunden, sondern 38,5. Es gibt Waschmaschinen, Spülmaschinen, unsere Backöfen sind selbstreinigend. Trotzdem hat kaum ein Mensch mehr Zeit.

Woran liegt das? Ist die Zeit von der Erde verschwunden? Wohl kaum. Vielmehr liegt die Vermutung nahe, dass unser Umgang mit der Zeit schuld daran ist, dass sie uns durch die Finger rinnt, kaum dass wir sie zu spüren bekommen. Und genau das Spüren, das Fühlen ist der wichtigste Verbündete der Zeit. Zeit hat die Eigenschaft, genau wahrgenommen werden zu wollen. Zeit braucht unsere Aufmerksamkeit. In einer Gesellschaft der Reizüberflutung, in der wir noch oberflächlich sehen oder hören, kaum noch schmecken oder riechen bzw. tasten, flieht die Zeit. Zeit wird durch die Wahrnehmung definiert, die wir in ihr erleben. Doch die Reize sind so zahlreich, dass wir sie oft nicht mehr wahrnehmen können. Dadurch fehlt uns das Gefühl für einen Zeitinhalt und für die Zeit selbst. Umgang mit der Zeit ist also der Umgang mit der

Wahrnehmung. Wir brauchen viel mehr eine Wahrnehmungsplanung als eine Zeitplanung. Was nützt uns ein Zeitplan, wenn die Zeit am Ende vergangenen und dennoch leer geblieben ist?

Die vergangenen Jahrzehnte haben eine moderne, fast hochtechnische Zeitplanung angeboten. Zeitgeber wie Uhren, Klingel- und Pieptöne nahmen stetig zu. Ich erinnere mich daran, wie plötzlich in privaten Wohnungen an allen Geräten, in allen Ecken, kleine Zahlen leuchteten, die die Zeit angaben. Die Zeit wurde quasi ohne unser Zutun für uns verwaltet. Menschen und Maschinen erklärten uns, dass es Zeit sei und was in der Zeit zu tun war. Dadurch erlebten wir aber nicht etwa eine größere Freiheit, sondern es entwickelte sich das Gefühl, dass wir wie ein Hamster im Laufrad gefangen sind. Eine neue Branche entstand. Man verkaufte uns zum Ausgleich Entspannung, Meditationskurse und Erholung in Ruheoasen. So war lange Zeit alles in bester Ordnung. Die einen beanspruchten und regelten uns unsere Zeit, andere glichen unseren Stress durch Ruhe aus. So wurde in den 1980ern und den 1990ern unsere Zeit zum Gegenstand von ganzen Wirtschaftszweigen. Gefragt hat uns übrigens niemand. Man hat sich unserer Zeit bemächtigt. Die Entspannungsbranche verkaufte uns sogar unsere eigene Zeit. Manche buchten freie Zeit in einem Entspannungsstudio. Dann trugen sie ihre Zeit dorthin und bezahlten dafür, sie nutzen zu dürfen. Wie verrückt doch der Mensch sein kann, wenn es etwas zu kaufen gibt, was scheinbar begehrt ist und einen gewissen Status verspricht. Glücklich wurde dadurch niemand. Zeit als Handelsgut überforderte den Menschen, er konnte sein Gut nicht bestmöglich verkaufen. Der einzelne Mensch blieb Kunde.

Allmählich erkannten einige Menschen, dass eine andere, selbstbestimmtere Lösung hermusste. Das Zeitmanagement war geboren. Nun sollte jeder selbst lernen, seine Zeit einzuteilen, und am besten jeder Stunde des Tages einen Sinn geben. Über Kurse und in Büchern wurde uns vermittelt, wie Zeit zu planen war. Auch hier wird wieder

Kapital aus der Zeit gemacht, die anderen gehört. Es hat etwas von Entmündigung, wenn man Erwachsenen nicht zutraut, ihre Zeit selbstbestimmt zu leben. Getarnt war alles als Hilfe, doch war diese Hilfe notwendig? Konnten Menschen, die die Schrift erfunden hatten, vom Nomaden zum sesshaften Städter wurden und schon Hochkulturen gegründet hatten, wirklich nicht mit Zeit umgehen? Sie konnten nicht mit den modernen Inhalten, mit dem Leistungsdruck umgehen. Sie konnten nicht damit umgehen, mehr zu produzieren, als sie essen konnten. Die Industrialisierung hat Zeit zu einem missbrauchten Gut gemacht. Und nun musste reagiert werden. Was nutzen gestresste Arbeitnehmer? Zeitmanagement sollte helfen, wieder Ordnung in das System Zeit zu bringen. Doch all dem liegt ein Denkfehler zugrunde. Immer ging es nur um den Effekt. Zeit war dazu da, etwas fertigzustellen, etwas zu beenden. In der Zeitplanung selbst liegt schon verborgen, dass die Zeit verstreicht. Und wer rückwirkend seine Zeit effektiv gefüllt hat, ist gut und erfolgreich. Nicht der Mitarbeiter, der gute Gespräche mit Kunden führt, hatte einen guten Arbeitstag, sondern der, der viele Verkäufe tätigt. Zeit gehört damit nicht mehr dem Menschen, der sie zur Verfügung haben soll, sondern einem meist wirtschaftlichen Ziel.

Und weil das kaum zu ertragen ist, weil unsere Zeit nicht mehr unsere Zeit ist, bekommen wir eine kleine Entschädigung. Wir können uns rund um die Uhr betäuben. Vor allem Medien bieten uns ein verlockendes: „Erspare dir, über Zeit nachzudenken, hier findest du ein wenig Ablenkung." Das ist purer Zynismus, und wenn wir es merken, ist die Zeit vorbei. Je mehr wir aber betäubt und flüchtig sind, umso weniger Zeit haben wir. Dabei ist Zeit so wichtig. Zeit ist und bleibt das größte Kapital des Menschen. Zeit brauchen wir als den wichtigsten Rohstoff überhaupt. Wir machen alles aus Zeit. Und weil das so ist, dürfen wir uns nicht vorschreiben lassen, was wir aus Zeit zu machen haben. Ohne unsere Zeit läuft nichts in unserem Leben, das sollten wir uns vor Augen halten.

Nicht meine Finger und Ihre Augen kommunizieren hier miteinander. Sie brauchen Zeit, um diese Zeilen zu lesen, und ich setzte Zeit ein, um sie zu schreiben. Sie halten mit diesem Buch einen Teil meiner Lebenszeit in der Hand. Ich habe sie sinnvoll eingesetzt, denn meine Zeit ist mir sehr wichtig und wertvoll. Und ich weiß Ihre Zeit zu schätzen, Sie können sicher sein, dass ich Ihre Zeit nicht mit Floskeln und Platzhaltern verschwenden werde. Dieses Buch soll Ihnen Zeit geben. Warum? Weil ich Mitmenschen brauche, die Zeit haben. Ich brauche gelassene Menschen, die meinem kleinen Sohn beim Friseur den Vortritt lassen. Ich brauche Menschen, die Zeit mit mir verbringen.

Zeit ist dann besonders gut, wenn sie gemeinsam erlebt wird. Wie geht es Ihnen, wenn niemand für Sie Zeit hat? Zeit setzen wir ein, um zu arbeiten, zu lieben, uns zu versorgen und um unser Leben zu gestalten. Zeit ist der Grundstoff für die Beziehungen zu anderen Menschen und für die Beziehung zu uns selbst. Ohne Zeit gibt es keine Entspannung, keinen Kulturgenuss und keine Freude. Freundschaften und Perspektiven, Stolz auf die eigene Leistung und eine sinnvolle Lebensführung sind ohne Zeit nicht denkbar. Auch berufliche Erfolge, sexuelle Eroberungen und Oberklassewagen machen wir aus Zeit. Erst, wenn der Mensch stirbt, braucht er keine Zeit mehr. Was wir betrauern, wenn wir einen lieben Menschen verlieren, ist die Tatsache, dass er nun keine Zeit mehr für uns hat, die er mit uns verbringen kann. Dieser Mensch ist deshalb nicht mehr bei uns, weil er keine Zeit mehr hat.

Die These „Zeit ist Leben" ist durchaus erlaubt. Die Zeit lässt wachsen und reifen, die Zeit ermöglicht uns, unsere Mitmenschen wahrzunehmen. Zeit gibt allem seinen Wert. Was wäre Geld ohne die Zeit, es sinnvoll einzusetzen? Was bedeutet unsere Familie, wenn wir keine Zeit für sie haben? Wir sind Zeitmillionäre, jedes Jahr haben wir eine halbe Million Minuten zur Verfügung. Das macht bei einem durchschnittlichen Menschen, der etwa 80 Jahre alt wird, 40 Millionen Minuten. Doch wir jammern und klagen über Zeitnot, geizen mit Zeit, vergessen die Zeit und schlagen sie tot. Was ist nur los mit unserer Zeit? Es liegt der Verdacht nahe, dass uns das Geschick für den Umgang mit der Zeit fehlt. Dabei ist die Zeit in unseren Zellen gespeichert. Wir haben einen Lebenstakt, dem unser gesamtes System folgte, wenn wir uns nicht einmischen würden. Die modernen Anforderungen an den Menschen machen aber notwendig, dass wir auch einen gemeinsamen Takt mit gesellschaftlichen Aspekten wie Wirtschaft und Politik finden. Diese Art von Zeitgefühl wird erlernt, sie ist nicht angeboren wie der natürliche Lebenstakt. Der Mensch entwickelt erst spät, ungefähr im Grundschulalter, ein Gefühl für Zeitspannen und ein Gefühl für das, was er mit seiner Zeit anfangen will. Später sollte der erwachsene Mensch wahrnehmen können, welche Handlungen wie viel Zeit in Anspruch nehmen und auch, wie er bestimmte Handlungen in eine sinnvolle Reihenfolge bringen kann. Schon bei der Entwicklung des Zeitgefühls könnte die erste Schwierigkeit liegen. Durch moderne Mediennutzung werden bereits Kinder durch die Zeit geführt, ohne sich selbst einbringen zu müssen. Da wird nicht gefragt, ob ein Mensch reglos für 60 Minuten vor dem Fernseher verbringen möchte, sondern es wird gefragt, ob er einen Krimi oder einen Zeichentrickfilm anschauen möchte. Es wird mit gutem Grund verschwiegen, dass Mediennutzung Zeit benötigt, ja oft nahezu verschlingt. Und die eigenständige Zeitplanung, also die Frage: „Was mache ich danach?“, nimmt der Sender uns inzwischen vollständig ab, denn im Lauftext am unteren Bildschirmrand werden wir darüber informiert, wie unser Programm weitergeht.

Nicht nur die Medien versuchen, die Herrschaft über unsere Zeit zu erlangen. Auch manche Menschen sind darauf aus, unsere Zeit für ihre Zwecke zu nutzen. Zeit ist der wichtigste Rohstoff, das war er schon immer. Wenn wir mit Zeit ausgestattet sind, wird es immer jemanden geben, der unsere Zeit gern mit seinen Interessen füllt. Es ist ein ständiger Machtkampf um die Zeit. Arbeitgeber wollen Zeit nutzen und dafür immerhin bezahlen.

Freunde, Nachbarn und Verwandte wollen an unser Zeitkapital. Unsere Partner wollen in jedem Fall unsere Zeit für sich haben. Doch wir müssen achtsam bleiben. Zeit darf nicht ersatzlos weggegeben werden. Ersatzlos bedeutet, dass wir für die vergehende Zeit keinen Inhalt erhalten bzw. ihr selbst keinen Inhalt geben. Zeit können wir hergeben, um zu fühlen. Wenn wir Zeit hergeben und nichts dabei fühlen, ist die Zeit verloren und wir empfinden innere Leere. Unsere Zeit muss immer für uns auch fühlbar bleiben. Welche Zeit sollen wir denn eigentlich nutzen? Zwischen Arbeitsalltag und Abendprogramm im Fernseher passt nicht mehr viel. Leider können wir aber den Arbeitsalltag nicht abschaffen. Langfristig können Sie Ihren Arbeitsalltag vielleicht anders gestalten. Glücklicherweise sind heute viele Modelle denkbar. Immer mehr Menschen wählen alternative Arbeitsmöglichkeiten mit Gleitzeit, Homeoffice oder auch Multijobbing mit hoher Flexibilität. Wahrscheinlich sorgen Sie mit Ihrer Arbeit für Ihren Lebensunterhalt. Das wird auch mittelfristig so bleiben müssen. Schließlich müssen Sie essen und wohnen und die eine oder andere Rechnung bezahlen. Trotzdem wollen und sollen Sie Ihre Lebenszeit genießen können.

Es muss eine andere, eine intelligente und vor allem realistische Zeitplanung her, aus der wir Nutzen und Vorteile ziehen können. Wenn wir Zeit verstreichen lassen, ohne ihr einen Inhalt zu geben, fehlt uns am Ende des Lebens Zeit, weil uns die Erlebnisse fehlen.

In meinem Praktikum nach dem Studium bin ich mit vielen Sterbenden in Kontakt gekommen und habe von ihnen lernen dürfen, wie wichtig Zeit ist. Niemand wünschte sich noch ein bisschen mehr Geld, keiner beklagte, dass er nie einen Oberklassewagen gefahren war. Diejenigen, die noch Wünsche offen hatten, wünschten sich Zeit. „Ach hätte ich doch …“ war eine viel genutzte Redewendung. Und immer ging es darum, die verstrichene Zeit noch einmal zur Verfügung zu haben und sie dann anders, vor allem klüger zu füllen. Zeit lässt sich nämlich als einziger Rohstoff des Menschen nicht borgen oder kaufen. Zeit lässt sich nicht verschenken oder übertragen. Obwohl wir die Redensart kennen, jemandem Zeit zu schenken, ist das Quatsch. Wenn Eltern mit ihren Kindern sprechen, dann verschenkt niemand Zeit. Die Eltern verbringen ihre Zeit sinnvoll und auch die Kinder verbringen ihre Zeit mit sinnvollen Inhalten. Spielt eine Mutter eine Stunde lang mit ihrem Kind ein Brettspiel, hat sie dem Kind keine Zeit geschenkt. Beide haben eine Stunde ihrer individuellen Zeit spielend verbracht. Wenn ein Freund etwas zum Essen braucht oder ein neues Bett, kann ich ihm helfen. Zeit aber kann ich ihm nicht geben, denn was auch immer ich für ihn mache, es bleibt meine Zeit, die ich verbringe. Ich kann die Zeit damit füllen, für jemanden zu kochen, wenn das Kochen für mich ein Erlebnis ist. Ob ich meine Zeit dafür nutzen kann, eines anderen Menschen Probleme zu lösen, ist fraglich, denn ich erlebe nicht, wie sich das gelöste Problem dann anfühlt, ich hatte es ja gar nicht. Erst, wenn uns das bewusst wird, können wir lernen, Zeit bewusst zu nutzen. Das bedeutet nicht, dass wir nicht mit unseren Kindern spielen oder unserem Freund nicht beim Tapezieren helfen sollen. Vielmehr bedeutet es, dass wir Zeit wahrnehmen sollen. Tapezieren muss unser Erlebnis sein, egal wem die Wand gehört.

Zeitplanung ist notwendig. Es geht hier aber nicht um die altbackenen *to-do-lists* oder um die Frage, wann wir einen Termin beim Friseur machen. Zeitplanung ist nicht nur dazu gedacht, Aufgaben pünktlich zu erfüllen oder Termine mit anderen Menschen einzuhalten. Zeitplanung ist in erster Linie notwendig, um das eigene Leben, die eigene Lebenszeit, sinnvoll und erfüllend zu verbringen. „Was habe ich mit meiner Zeit gemacht?“ Das ist oft die wichtigste Frage am Ende eines Menschenlebens. Sie ist auch die wichtigste Frage am Anfang dieses Buches. „Und was möchte ich viel lieber mit meiner Zeit machen?“ Diese Frage stellt sich danach. Wenn Sie dieses Buch zur Hand nehmen, beachten Sie einen Hinweis direkt von Anfang an.

Bitte sagen Sie ab jetzt nie wieder: „Ich habe keine Zeit." Ihr Unbewusstes hört das. Für Ihr Unbewusstes ist diese Aussage wahr; es wird also alles tun, um diese Wahrheit herzustellen und zu erhalten. Sie kennen dieses Phänomen auch von anderen Lebensaspekten, von Affirmationen und Autosuggestionen. Sätze, die wir unserem Unbewussten anbieten und dort speichern, damit sie Wirklichkeit werden. „Mein Leben wird von Tag zu Tag besser und besser." Eine große und großartige Affirmation, wenn das Unbewusste sie verinnerlicht und umsetzt. „Ich habe keine Zeit" dagegen ist Müll für Ihr Gehirn. Da das Unbewusste nicht wertet, setzt es gehorsam jeden Befehl um. Also sprechen Sie diesen Satz nie mehr aus. Wählen Sie, wenn Sie unbedingt über Zeit sprechen wollen, die folgende Affirmation: „Ich allein entscheide über die Inhalte der Zeit, die ich bei meiner Geburt geschenkt bekam." Oder, in Anlehnung an das Beispiel oben: „Von Tag zu Tag schätze ich meine Lebenszeit mehr wert." Sie haben genauso viel Zeit wie alle anderen Menschen. Genau 24 Stunden hat jeder Tag – und nicht eine Minuten weniger. Hinsichtlich der Zeit ist kein Mensch benachteiligt; vor der Zeit sind wir alle gleich. Die Zeit macht keine Unterschiede, wir machen den Unterschied durch mehr oder weniger klugen Umgang mit der Zeit.

Nutzen Sie die Zeit, um dieses Buch nicht nur zu lesen, sondern auch, um die vorgeschlagenen Übungen durchzuführen. So wird sich Ihr Zeitgefühl festigen und Sie spüren, dass Ihnen mehr Zeit zur Verfügung steht. Sie können keine Zeit gewinnen, denn das geht nicht. Sie können Zeit nur durch Unachtsamkeit und die Betäubung Ihrer Sinne verlieren; das soll dieses Buch zu verhindern helfen. Aus diesem Grund enthält jedes Kapitel Übungen, um Zeit zu erleben und zu spüren. Jedes Kapitel soll Ihnen ein bisschen Zeit geben, indem Sie erfahren, wie Sie Zeit wahrnehmen können. Nicht die Strategie ist es, die Zeit gewinnen lässt, sondern die Wahrnehmung der Zeit, das Achten der Zeit und das Erleben der Zeit. Lassen Sie die Übungen nicht ungenutzt. Sie trainieren nicht nur bestimmte Fähigkeiten, sondern ganz grundlegend auch, dass Sie sich auf Zeit konzentrieren und sich selbst wichtig nehmen. Je konzentrierter und gründlicher Sie mit diesem Buch arbeiten, umso wertvoller sind Sie sich selbst. Lesen Sie dieses Buch, wie Sie mögen. Sie müssen es nicht von vorn nach hinten lesen. Zeit funktioniert wie eine Uhr. Alle Kapitel in diesem Buch greifen wie Zahnräder ineinander. Sie können in diesem Buch stöbern. Nur sollten Sie die Übungen durchführen, denn sie dienen dazu, das Gelesene aus der Ratio in die Seele zu transportieren.

Ich wünsche Ihnen viel Freude und eine gute Zeit!

Stefanie Glaschke

Was Sie brauchen, um dieses Buch zu lesen und zu genießen

1. Ein Zeittagebuch

Um den Effekt dieses Buches in vollen Zügen genießen zu können, sollten Sie sich eine Kladde besorgen, in der jedem Tag eine Doppelseite zur Verfügung steht. Sie können die Merksätze aus diesem Buch dort notieren und vor allem alle Erkenntnisse, die Sie beim Lesen gewinnen. Diese Kladde wird mehr sein als eine Sammlung von Notizen. Sie liefert Ihnen später eine Art Tagebuch darüber, wie Sie zu Ihrer Zeit und damit zu sich selbst gefunden haben. Diese Kladde gibt Ihnen Aufschluss über Ihre Entwicklung und nicht zuletzt auch über das Wachsen und Zunehmen Ihres eigenen Selbstwertgefühls. Diese Kladde wird Ihnen beweisen, dass Sie sich wichtig waren. Sie kann Ihnen Aufschluss darüber geben, wo Ihre Zeit geblieben ist. Sie wird wahrscheinlich für den Rest Ihres Lebens ein wertvoller Begleiter sein, und alle Kladden, die danach kommen, auch. Ich empfehle das Format A4, denn Zeitplanung ist nichts für einen Schmierzettel. Außerdem sollte die Kladde liniert sein, das ist großzügiger als kariert. Wenn es Ihre Freude an der Zeitplanung erhöht, legen Sie ruhig ein paar Euro dafür auf den Tisch. Schöne Kladden und Stifte machen einfach die Arbeit freudvoller und schöner.

2. Das Bild von der Zeit

Um das Thema Zeit greifbar zu machen, bediene ich mich in diesem Buch häufig der Technik der Visualisierung. So können Sie sich von der Zeit ein konkretes und sichtbares Bild machen. „Zeit" ist ein Begriff, der uns nicht als Bild im Kopf erscheint. Es ist zuerst nur ein Wort. Zeit ist kein Name wie Michaela, Udo oder Gott. Zeit ist nicht so klar umrissen wie Sofa, Blume oder Befriedigung. Deshalb ist es schwer, über Zeit so zu schreiben, dass alle Leser wissen, was genau gemeint ist. Mancher denkt an eine Uhr, ein anderer an seine gehetzten Schritte vom letzten Arbeitstag. Manche denken an Weihnachten und wieder andere an Strandspaziergänge im Rentenalter.

Zeit hat keine feste Form, keine Erscheinung. Wenn Sie sich den Umgang mit der Zeit erleichtern wollen, dann geben Sie der Zeit zuerst eine äußere Gestalt. Wenn Sie Zeit lieben und respektieren wollen, brauchen Sie eine Form. Das menschliche Gehirn denkt in Bildern. Wir sind nicht die großen Logiker, für die wir uns selbst halten. Unser Gehirn braucht Vorstellungen. Und diesen Vorstellungen folgen wir, im Guten wie auch im Schlechten. Stellen wir uns uns selbst ständig in Frieden und Harmonie mit allen vor, werden wir ausgeglichener und wirken friedlicher. Stellen wir uns unseren unbekannten Nachbarn schlecht und dumm vor, werden wir ihn auch so behandeln. Und damit schaffen wir unsere eigene Wirklichkeit.

Die Zeit als Begriff ist Gegenstand der Naturwissenschaften. Sie ist so abstrakt und unsichtbar wie Atomkraft. Wir haben nur eine ungefähre Vorstellung und sicher wissen wir alle, dass sie kein Lebewesen ist. Wenn überhaupt, dann kennen wir die Auswirkungen von Zeit, doch wir kennen nicht ihre Erscheinung. Und doch wollen wir mit ihr umgehen wie mit einem Wesen, das greifbar ist. Wir möchten Zeit genießen und nutzen, wir warten auf Zeit und bereuen Zeit. Viele Wörter haben wir für Zeit, ebenso viele wie für ganz konkrete Gegenstände wie Brot oder Wasser. Und doch fehlt uns für Zeit ein Bild. Und Bilder sind für unser Gehirn Befehle, in welche Richtung es uns bewegen soll.

Welchen Befehl geben wir unserem Gehirn, wenn wir von Zeit sprechen oder an Zeit denken? Wir geben ihm kein Bild, kein Ziel, das es ansteuern kann. Also erreichen wir die Zeit auch nicht. Ich glaube, unser Gehirn weiß gar nicht, was wir meinen. Es hat ja seinen eingebauten Takt, wie der übrige Körper auch, was also meinen wir mit „Zeit"?

Der erste Schritt, um wirklich besser mit seiner eigenen Zeit zurechtzukommen, ist ein Symbol, ein Bild von Zeit. Denken Sie an ein kleines Kind, das Angst im Dunkeln hat. Es wird durch die Eltern beschützt, aber auch Schutz ist nicht sichtbar. Das Kind kann zwar seine Eltern sehen, hören und anfassen, nicht aber den Schutz.

Die meisten Eltern legen ihrem Kind daher ein Kuscheltier ins Bett. Erst das Kuscheltier, das Bild für Schutz, gibt dem Kind ein Gefühl von Sicherheit. Das Kuscheltier kann nichts tun, es ist nur ein Stück Stoff mit Füllwatte. Aber es wird zum Bild im Kopf des Kindes. Damit ist Schutz vorhanden. Für uns Menschen gibt es nur das, was als Bild im Gehirn vorhanden ist. Das Gehirn verarbeitet keine Gedanken, sondern Vorstellungen. Das merken Sie immer dann, wenn Sie etwas tun, worauf Sie sich nicht ganz und gar konzentrieren. Sie verzieren einen Kuchen und denken an Ihren letzten Geburtstag. Plötzlich schreibt Ihre Hand ganz von allein Ihren Namen statt den des echten Geburtstagskindes. Das Bild wird vom Gehirn umgesetzt, es fragt nicht nach richtig oder falsch. Es macht das, was Sie sich vorstellen, Sie sind der Chef.

Nehmen Sie sich Zeit, indem Sie zuerst ein Bild von Zeit erstellen. Wie sieht Zeit für Sie speziell aus? Ist Zeit menschlich, tierisch oder als Pflanze gebaut? Ist sie groß oder klein? Stellen Sie sich Zeit als männliches oder weibliches Wesen vor? Wenn ich die Zeit sehen könnte, wäre sie weiblich, etwas transparent und insgesamt zart wie eine Elfe. Dabei sehe ich sie aber bei aller Zartheit groß wie einen Titanen. Und sie schwebt mir normalerweise lächelnd entgegen und öffnet ihre Arme für mich wie eine Mutter für ihre Tochter. Immer wenn ich mich über Zeit aufregen will oder darüber klage, dass ich keine Zeit habe, erscheint dieses Bild vor mir und ich werde wieder klar im Kopf. Sie ist ja da, die Zeit, und sie ist mir sehr freundlich gesonnen. Das mag ein naives Bild sein, und gern können Sie über mich lächeln. Das ist einerlei, denn ich habe Zeit, nur das zählt.

Wie sieht Ihre Zeit aus? Malen Sie Zeit oder beschreiben Sie Zeit in einem kurzen Gedicht. Vielleicht verfassen Sie eine Personenbeschreibung oder Sie machen wenigstens eine Sammlung mit Stichpunkten. Warum wollen Sie ein Buch über etwas lesen, was Sie gar nicht kennen, vielleicht nicht haben und sich trotzdem wünschen? Wie wollen Sie mit etwas umgehen, was Ihnen vollkommen fremd ist? Das wäre wie ein Finanzplan für einen Mensch, der Geld nicht kennt und keines hat. Sie können Ihrer Zeit auch einen Namen geben. Erst, was ich benennen kann, erkenne ich. Was wichtig ist, hat einen Namen. Menschen benennen ihre Kinder, ihre Haustiere und obwohl das Wort „Auto" definiert ist, geben viele Autobesitzer sogar ihrem Wagen noch einen speziellen Namen. In vielen Philosophien ist das Benennen ein Akt der Wertschätzung und der Hingabe. Benennen Sie Ihre Zeit. Wenn Sie jetzt die Stirn runzeln und Ihnen nichts einfallen will, lesen sie einmal die folgenden Beispiele aus meinen Jahren des Coachings. Ein männlicher Klient nannte seine Zeit „Lethro" und sie war männlich. Ein anderer männlicher Klient nannte seine Zeit „Schatz" und sah sie weiblich. Eine Klientin beschrieb ihre Zeit als überquellenden Mülleimer, eine andere Frau als kleines Wesen, das verschüchtert in der Ecke eines Kohlenkellers saß. Lassen Sie Ihrer Intuition freien Lauf. So albern diese Übung auch für Sie klingen mag, seien Sie einfach mal albern. Erleben Sie, wie es ist, etwas zu denken und zu handeln, was keinen erkennbaren Zweck hat. Ist es nicht wundervoll, eine Stunde lang etwas zu tun, was man nicht abliefern muss?

Geben Sie Ihrer Zeit bitte nicht den Namen von wichtigen Personen in Ihrem Leben. Das verwirrt die Zeitvorstellung nur. Wenn Sie ein eher unschönes Bild von Zeit haben, vielleicht ein Gnom, bucklig und immer auf der Flucht, mit laufender Nase und Beulen am ganzen Körper, ist auch das vollkommen in Ordnung. Dann ist es eben jetzt so. Sie werden erleben, wie auch Sie ein wunderbares Zeitbild entwickeln können, wenn Sie gelernt haben, Zeit zu genießen. Wenn Ihr Bild von der Zeit fertig ist, können Sie starten. Und denken Sie daran: Während Sie dieses Buch lesen, ist die Zeit immer mit dabei. Wenn die Zeit also keine Lust mehr hat, dann machen Sie eben etwas anderes. Das ist ein großer Gewinn, der in diesem Buch versteckt ist. Wenn Sie das Buch weglegen und Ihre Zeit genießen, habe ich mein Ziel erreicht. Ich bin nicht böse, wenn Sie nicht bis zur letzten Seite kommen. Zeit ist nämlich nicht theoretisch, sondern praktisch. Jeder Leser, der mir schreibt, dass er lieber durch die Küche tanzt, als das nächste Kapitel zu lesen, macht mir ein Kompliment.

Aber wenn Sie lernen möchten, durch die Küche zu tanzen, dann lesen Sie noch ein wenig weiter. Wenn Sie wissen wollen, wie Sie Ihre eigenen Impulse aufspüren können, lesen Sie dieses Buch bewusst und erleben Sie, welche Impulse ich Ihnen geben kann.

3. Mut

Sie brauchen eine mutige Einstellung, wenn Sie mit Zeit bewusst und klug umgehen wollen. In unserer Gesellschaft hat es durchaus Vorteile, unter Stress und Zeitdruck zu leben. Es beweist Wichtigkeit und Bedeutung. Wichtige Leute haben viele Termine. Wer etwas darstellen will, macht sich rar, weil er so gefragt ist. Haben Sie schon einmal erzählt, dass Sie vollkommen gesund, gelassen und glücklich sind? Seien Sie vorsichtig, man könnte Sie ablehnen, wenn Sie nicht die Probleme aller teilen. Wir haben uns zu einer Zeitleidensgesellschaft entwickelt; Sie brauchen also den Mut, als Außenseiter leben zu können.

Wer seine Zeit für sich und seine eigenen Inhalte nutzen will, gilt in seiner Umgebung oft als Egoist. Doch wird Ihnen das vorgeworfen, dann fassen Sie es als Kompliment auf. Egoisten sind keine schlechten Menschen. Sie erledigen ihre Aufgabe. Egoisten kümmern sich um ihre eigenen Angelegenheiten, denn so ist es gedacht. Egoismus ist gesund. Gefährlich wird es, wenn jemand sich egozentrisch verhält. Das ist eine krankhafte soziale Störung, bei der der Betroffene glaubt, die Welt und alle anderen Menschen drehten sich um ihn als Mittelpunkt. Früher nannte man Egozentriker Narzissten. Ich selbst habe die Erfahrung gemacht, dass Menschen mit egozentrischer Prägung gerne denen, die sich nicht um sie drehen wollen, Egoismus vorwerfen.

Schaffen Sie sich eine Schutzhülle. Gehen Sie ins Zwiegespräch mit der spirituellen Kraft, an die Sie glauben. Sprechen Sie mit dem Schöpfer, wenn man Ihnen den Vorwurf des Egoismus macht. Was sagt Ihr Schöpfer dazu? Hat er Sie wirklich geschaffen, damit Sie sich für die ungebügelten Hemden, unbezahlten Rechnungen und die Lebenslangeweile Ihrer Mitmenschen hergeben? Ich bin davon überzeugt, dass Ihr Schöpfer nur Sie gesehen hat, als er Sie erschuf. Sicher hatte er nicht den Plan, Sie seien der Notnagel für ein anderes seiner Geschöpfe.

Finden Sie den Mut zum Egoismus. Sie nehmen niemandem etwas weg, denn jeder hat ein Leben, das er füllen, gestalten und genießen kann. Vielleicht hilft Ihnen ein Blick in die Natur. Jedes Lebewesen lebt seine eigene Existenz. Keine Sonnenblume opfert Ihre Blütenblätter für ein Gänseblümchen, das sich klein vorkommt. Die Rose blüht für sich und gibt von ihrer Schönheit nichts ab. Der Baum wächst so gut er kann. Stellen Sie sich das Chaos vor, das entstünde, lebten die Pflanzen nicht mehr ihr eigenes Leben. Und schön wäre die Natur dann auch nicht mehr. Und sind Blumen etwa egoistisch? Keinesfalls. Dadurch, dass sie sich selbst leben, leisten sie wertvolle Beiträge für das Leben aller anderen. Ein ausgebrannter, erschöpfter Mensch kann vielleicht kurzfristig eine Hilfe sein, aber einen wirklichen Beitrag kann er nicht leisten. Mütter, die sich regelmäßig auspowern, um dann unter psychosomatischen Erkrankungen zu leiden, haben ihre Kraft falsch eingeteilt. Väter, die Überstunden ohne Ende machen, um dann frühzeitig arbeitsunfähig, suchtkrank oder körperlich krank zu werden, sind keine wirkliche Bereicherung für ihre Familien.

Ihr Mut zum Egoismus ist also nicht nur Ihr eigenes Vergnügen, sondern eine weise und kluge Entscheidung zum Wohl Ihrer eigenen Person und dem Ihrer Umgebung.

1. Zeitgefühl und gefühlte Zeit

Zeit zeigt sich uns. Wir können Zeit wahrnehmen, auch wenn wir sie nicht sehen können. Zur Wahrnehmung der Zeit dienen alle Sinne. Wir ertasten den Verlauf von Zeit, wir hören Zeit, wenn wir einem Musikstück lauschen. Während wir einen Schwan beobachten, der auf einem See dahingleitet, sehen wir auch den Lauf der Zeit, der in der Handlung des Schwans wirkt. Wir riechen Zeit, indem wir Prozesse des Lebens riechen können. Zeit hinterlässt überall Spuren und legt überall Zeugnisse ihrer selbst ab. Zeit ist immer. Wir können Zeit in Verwitterung und Zerfall sehr schön erkennen, aber Zeit ist auch im Wachsen und im Aufbau verborgen und gleichzeitig dessen Grundlage. Zeit ist auch kein menschliches Thema. Selbst Insekten haben feste zeitliche Strukturen, man könnte manchmal meinen, sie seien pünktlicher und zeitorientierter als Menschen. Ich bin jedes Mal fasziniert, wenn ich sehe, dass Vögel sich pünktlich für ihren Flug in den Süden rüsten.

Forscher haben herausgefunden, dass unser Gehirn eine Zeitspanne von drei Sekunden als Gegenwart wahrnimmt. Danach wendet es sich ab und sucht nach einem neuen Reiz. Das Gehirn verfügt also über eine Art Uhr oder ist sogar eine. Diese Uhr bestimmt unser Leben, denn wir werden vom Gehirn gesteuert. Leider reicht das heute nicht mehr aus. Wir müssen nicht nur wissen, wann wir hungrig oder müde sind, wir müssen auch wissen, wann der Theaterspielplan endet und wann das nächste Meeting stattfindet. Leider stehen diese Termine oft nicht im Einklang mit unserer inneren Uhr, sodass es zu Zeitproblemen kommen kann. Zeitgefühl ist die mentale Fähigkeit, Zeitspannen objektiv richtig einzuschätzen.

Und doch gibt es die gefühlte Zeit. Kindern scheinen die Stunden vor der Bescherung zu Weihnachten wie eine Ewigkeit, ein voller Korb Bügelwäsche dehnt scheinbar die Zeit. Das liegt aber nicht an der Zeitspanne, es gibt keine reale Entsprechung. Drei Sekunden dauern immer drei Sekunden. Nein, das Phänomen der gefühlten Zeit hängt mit der Tiefe der Wahrnehmung zusammen. Wenn eine Wahrnehmung bis tief in unser Gefühl vordringt, wird sie als intensiver und dementsprechend als länger empfunden. Daraus können wir ableiten, dass wir mehr Zeit fühlen, wenn wir tiefer wahrnehmen. Und doch bleibt unser Gehirn im gleichen Takt. Wir sind es, die die Zeit werten. Schleicht sie, ist es schlechte Zeit, vergeht sie schnell, ist es gute Zeit. Denken Sie jetzt wieder an das Bild von der Zeit, dass Sie sich gemacht haben. Ein Bild ist so lange und immer dann interessant, wenn wir es genau betrachten. Aus der Ferne, wenn alle Farben verschwimmen, ist kein Bild wirklich schön. Aber sobald wir näher herantreten und Details erkennen können, wird unser Blick gefesselt. Unsere Aufmerksamkeit wird belohnt. Auch mit anderen Menschen verhält es sich so, Unbekannte sind weniger interessant. Sie bieten einen Reiz, nicht mehr. Immer streben wir das genauere Kennen und Erkennen an. Wir lieben einen Menschen, weil wir ihn gut kennen. Dabei stören uns meist auch seine dunklen Seiten nicht.

Zeit wird nur von wenigen geliebt. Sie wird verbracht. Zeit macht uns moderne Menschen immer irgendwie unzufrieden. Das hängt mit unseren Erwartungen an die Zeit zusammen. Erwartungen an die Zeit zu haben ist in mehr als einer Hinsicht Unfug. Und der größte Unfug hinsichtlich unserer Erwartungen an die Zeit ist das Vertauschen der Rollen. Wir machen die Zeit zum Handelnden. Dabei sind wir es selbst, die einen zeitlichen Rahmen mit einem Inhalt füllen. Die Zeit ist da und steht zu unserer Verfügung. Mehr kann die Zeit uns nicht geben. Zeit gibt ständig neue Freiräume, die wir nutzen können oder auch nicht. Eine Stunde Zeit ist wie ein Karton. Dieser Karton existiert, ob wir nun etwas hineinlegen oder nicht. Aber wenn wir nichts hineinlegen, hat der Karton wenig Wert für uns. So ist es auch mit der Zeit. Wird sie nicht gefüllt, verliert sie an Wert.

Übung

Nehmen Sie Ihr Zeitbild zur Hand. Machen Sie es schöner. Vielleicht haben Sie schon ein schönes Bild erstellt. Doch jetzt schmücken Sie Ihre Zeit weiter. Fügen Sie weitere Details hinzu. Geben Sie sich die Möglichkeit, immer mehr an Ihrer Zeit zu entdecken. Vielleicht schreiben Sie auf, was Ihre Zeit wütend macht und was sie erfreut. Das sind wichtige Informationen über einen Begleiter, den man das ganze Leben bei sich hat, oder?

a. Auf den Inhalt kommt es an

Am Beispiel des Kartons konnten Sie erkennen, dass Ihre Zeit Ihnen etwas bietet. Sie können Kostbarkeiten in der Zeit aufbewahren oder sie nutzen, um Ihre Dinge zu sortieren. Zeit ist also stets für Sie da. Sie macht Angebote und verteilt Einladungen an Sie, immer und immer wieder. Und wenn wieder ein Karton ungefüllt untergeht, schickt die Zeit sofort einen neuen hinterher. Doch sie hat feste Grenzen. Zeit ist sowohl in der Kultur als auch in der Natur in einzelne Segmente untergeteilt, damit wir einen Rahmen zur Verfügung haben. Das Wissen darum, wie lange eine Schwangerschaft dauert und wann wir wieder müde werden, ist wichtig. Das Wissen um das Reifen von Getreide und Früchten ist wichtig für uns, denn es gibt uns Sicherheit. Gäbe es diese festen Begrenzungen nicht, wäre die Zeit kein guter Rahmen für unsere Inhalte, denn sie würden herausfallen wie Muscheln und Steine aus einem Karton ohne Wände (das wäre dann genau genommen kein Karton mehr). Zeitgefühl ist eng gekoppelt an das Maß an Sicherheit, das ein Mensch empfinden kann.

Übung

Machen Sie einen Test. Sie brauchen etwa eine Stunde dafür, eine Uhr und einen Raum, in dem Sie nicht gestört werden. Nun beginnen Sie damit, dass Sie drei Minuten lang nichts tun. Schauen Sie zu Beginn auf die Uhr und dann, wenn Sie meinen, die drei Minuten seien vergangen. Wie gut war Ihre Einschätzung? Wiederholen Sie diese Übung mit zehn Minuten und mit 15 Minuten. Wie gut können Sie die Dauer der Zeit einschätzen?

Wer spricht schon von Lebenszeit?

Die beiden allgemein üblichen Begriffe für Zeitspannen sind Arbeitszeit und Freizeit. Darüber definieren wir die Inhalte der betreffenden Zeit. Schon hier beginnt ein Irrtum. Wo bleibt unsere Lebenszeit? Welchen Wert hat die Lebenszeit, wenn sie von vornherein geteilt ist? Wir streichen damit aus unserer Lebenszeit schon die Arbeitszeit heraus. Das bedeutet bei einem durchschnittlichen Arbeitsleben von 45 Jahren und 163,5 Arbeitsstunden pro Monat über 80.000 Stunden Arbeitszeit. Wenn diese Arbeitszeit aber aus unserem Leben isoliert wird, dann verwandelt sie sich in Zeit, über die wir nicht verfügen. Und so verhalten sich auch viele. Sie haben das Gefühl, über die Arbeitszeit nicht selbst bestimmen zu können. Arbeitszeit gehört der Arbeit oder dem Arbeitgeber. Wie schade, schließlich wäre es unser eigenes Kapital.

Und um die zweite Art von Zeit, die Freizeit, ist es auch nicht besser bestellt. Diese Zeit ist frei, doch wovon? Haben wir frei vom Leben? Frei von unserem Körper, unserem Geist oder unserer Seele? Meist meinen wir, wir hätten frei von der Arbeit. Damit ist ein großes Fehlverhalten im Umgang mit der Zeit bereits enttarnt. Es gibt also die Zeit mit Arbeit und die Zeit, die frei ist von Arbeit. Alle Zeit wird also durch Arbeit definiert. Und wo bleibt das Leben?

Mit diesem sprachlichen Ausdruck geht unsere gesamte Lebenszeit in der Arbeit auf. Wie arm an Zeit ist ein

Mensch dadurch? Und da viele Menschen die Arbeitszeit auch noch als unangenehm empfinden, können sie diese Zeit nicht wertschätzen. Werden wir denn nur als Arbeitsmaschine, Roboter oder Funktionsgerät geboren? Wohl kaum. Ein Mensch wird mit seiner Lebenszeit im Gepäck geboren. Doch was man hat, muss man auch wahrnehmen, sonst geht es unbemerkt verloren.

Der erste Schritt in eine bessere und freudvollere Zeitnutzung ist also ein Schritt in eine andere Sprache. Sprechen wir zukünftig nicht mehr von Arbeitszeit und Freizeit, sondern von Lebenszeit. Wir können in unserer Lebenszeit Geld verdienen, Schwimmen gehen, Bücher lesen oder unsere Wohnung putzen. All diese Tätigkeiten gehören zu uns, zu unserem Leben und werden in unserer Lebenszeit durchgeführt. Erst, wenn wir Lebenszeit begreifen, werden wir zu Individuen, die selbstständig über ihre eigene Zeit verfügen.

Übung

Denken Sie an Ihre Jugend. Wahrscheinlich hatten Sie das Gefühl, vor Ihnen läge noch unendlich viel Zeit. Das stimmte auch, eine neue Gegenwart folgte auf die andere. Das ist heute auch noch so. Was wollten Sie mit Ihrem Leben anfangen, als Sie jünger waren? Und was haben Sie wirklich gemacht? Stellen Sie diese beiden Bereiche in einer Tabelle dar. Warum ist Ihr Leben so verlaufen, wie es verlaufen ist? Das ist keine Wertung, manches wird sicher besser gewesen sein als gedacht, anderes weniger gut. Doch darum geht es nicht. Diese Übung soll Ihnen nur Aufschluss darüber geben, wie hoch der Grad an Selbstbestimmung über Ihre Zeit ist.

Merksatz

Ab jetzt verfüge ich über 24 Stunden Lebenszeit täglich. Ich kann sie gut oder weniger gut füllen, ganz nach meiner eigenen Überzeugung.

Wir haben immer und jederzeit die Wahl

Es gibt niemanden, der uns vorschreiben kann, wie wir Zeit nutzen. Wir haben immer die Wahl. Doch wir haben seit einigen Jahren ein neues Phänomen in breiten Schichten der Gesellschaft. War früher die Arbeitszeit und die darin erzielte Leistung ein Statussymbol, so hat sich längst zusätzlich ein Freizeitleistungsdruck entwickelt. Wer seine Arbeitszeit gut verkaufen kann, der muss nun auch bestimmte Hobbys pflegen, zu Vereinen gehören, anwesend sein und Zeit einbringen. Nun reicht es nicht mehr, sein Leben zu genießen, nun muss auch die sogenannte Freizeit gut genutzt werden. Man kann überall Nachweise über sinnvolle Freizeitnutzung bekommen, sogar Urkunden für Häkelarbeiten gibt es. So bietet man uns an, immer mehr Zeit nur unter dem Aspekt des Ergebnisses zu betrachten. Wie die Zeit sich anfühlt, was in der Zeit an Eindrücken und Gefühlen vorhanden ist, interessiert niemanden. Die Zeit ist weg, der Pokal ist wichtig. Immer wenn wieder ein Kinderstar von den ehrgeizigen Eltern vor die Kameras gezerrt wird, fragen viele sich empört: „Wo bleibt denn die Kindheit?" Jeder sollte sich angewöhnen zu fragen: „Wo bleibt denn mein Leben?"

Sie haben die Wahl: Sie müssen sich an Gesetze halten und dürfen andere Lebewesen nicht schädigen. Darüber hinaus können Sie tun und lassen, was Sie wollen. Es ist immer Ihre persönliche Entscheidung. Niemand darf Sie zu etwas zwingen, was Sie nicht wollen. Doch zwingen Sie sich auch nicht. Es hat keinen Sinn, denn auf Zwang reagiert der Mensch mit Stress und Stress frisst Zeit.

Übung

Notieren Sie, was Sie in Ihrem Leben als Zwang betrachten. Dann überlegen Sie, welche Konsequenzen Sie zu tragen hätten, wenn Sie sich diesem bestimmten Zwang nicht mehr unterwerfen. Wollen Sie die Konsequenzen in Kauf nehmen? Dann befreien Sie sich vom Zwang. Wollen Sie die Konsequenzen nicht in Kauf nehmen? Dann handelt es sich nicht um einen Zwang, sondern um das Ergebnis von Verantwortung für sich selbst.

Merksatz

Ich habe grundsätzlich die Wahl, alles zu tun und zu lassen, was ich will. Ich bin mir darüber im Klaren, dass ich damit Konsequenzen für mein Leben ziehe, die ich ebenfalls selbst gewählt habe.

Warten ist ungefühlte Zeit

Menschen lernen, „Er*wartung*en" an die Zeit zu haben. Erwartung kommt von warten. Und wenn ein Mensch wartet, dann ignoriert er die Gegenwart. Das bedeutet, er nimmt nicht wahr, was in der Gegenwart geschieht. Er übersieht die Zeit, die er jetzt hat und betrachtet die kommende Zeit. Das ist wie ein Sprung auf einem Weg. Statt Schritt für Schritt die Zeit wahrzunehmen, fokussiert sich der Wartende auf die Zukunft. So ist die Tiefe in der Wartezeit nicht vorhanden, es entstehen Leere und Langeweile. Dabei ist Warten eine vollkommen unsinnige Tätigkeit. Wir wissen ja nicht einmal, ob das Erwartete überhaupt eintreffen wird oder kann. Worauf soll man warten? Die Zeit ist. Die Gegenwart findet statt – *jetzt*. Niemand kann auf bessere Zeiten warten, sondern jeder muss die Zeit jetzt zu seiner besten Zeit machen. Diese Gegenwart, diese drei Sekunden sollen gut sein. Dafür ist jeder selbst verantwortlich.

Zeit kommt nicht mit einem Geschenk auf uns zu. Zeit ist Rahmen, nicht Inhalt. Was der einzelne Mensch in diesen Rahmen legt, bleibt ihm überlassen. Deshalb können Sie die Wartezeit einfach abschaffen. In der üblichen Wartezeit beim Friseur kann man ein Buch lesen, das man gern wahrnehmen möchte. In der Wartezeit an der Ampel bietet sich an, seinen eigenen Atem wahrzunehmen und sich daran zu freuen, dass man atmet. Ganz schlecht ist, in der Wartezeit auf das zu blicken, was kommen soll oder wird. Denn das erlebt der Mensch ja noch früh genug, nämlich dann, wenn es Gegenwart wird. Stellen Sie sich vor, Sie sitzen mit einem geliebten Menschen am Tisch, schauen an ihm vorbei und sprechen kein Wort. Wenn er Sie darauf anspricht, antworten

Sie: „Ich warte auf dich." So gehen Menschen mit Zeit um.

Wenn Sie ein Mensch sind, der viel und gern wartet, dann gewöhnen Sie sich diese Gewohnheit ab. Oft haben wir das Warten zu einer festen Einrichtung werden lassen, ohne es zu wollen. Warten Sie zu Hause immer im gleichen Raum? Vielleicht sogar auf dem gleichen Stuhl? Dann setzen Sie sich nie mehr auf diesen Stuhl. Lernen Sie, einfach aufzustehen und sich zu bewegen. Bewegung ist ohnehin das Heilmittel gegen das Warten. Wenn wir uns bewegen, kommt nicht nur unser Körper in Gang, sondern auch unser Gehirn. Und plötzlich erleben wir Impulse für Dinge, die wir viel lieber tun würden, als untätig zu warten. Probieren Sie es aus. Statt zu warten, gehen Sie ein paar Schritte auf und ab. Schon wird sich eine Wirkung einstellen.

Merksatz

Warten heißt, die Gegenwart zu ignorieren.

Das Leben will gefeiert werden

Ein wichtiger Inhalt der Zeit ist das Feiern. Feiern gehört zum Leben. Ein Fest markiert bestimmte Wendepunkte und Stationen auf dem Weg eines Menschen. Wir feiern mindestens die Geburt eines Menschen, seine Hochzeit, die Elternschaft. Doch wie feiern Menschen heute? Zuerst einmal feiern sie ständig. Gefeiert wird alles, immer und überall. Wer in einem Ballungsgebiet oder in einer Großstadt lebt, der kann jeden Tag eine Feier erleben. Er hat ständig die Wahl zwischen Firmenjubiläum und Schrebergartenparty. Das Feiern ist die Zeit, in der wir uns der Inhalte unseres Lebens bewusst werden sollten. Wir sollten Erfolge feiern. Das Feiern ist der Rastplatz auf dem Lebensweg. Sich hinsetzen und fühlen, ausruhen, gemeinsam genießen, alles das sind Aspekte eines Festes. Feste gibt es aber kaum noch. Vielmehr ist das Feiern heute eine Gruppenbetäubung geworden. Selbst auf Schulfesten, auf denen Eltern und Kinder den Erfolg des vergangenen Schuljahres feiern können, stehen inzwischen Bierwagen. Die Menschen feiern unter dem Motto: „Bloß nichts merken." Dabei ist das Feiern ein Aufmerken, ein ganz besonderes Wahrnehmen.

Lernen Sie das Feiern wieder, wenn es Ihnen auch verloren gegangen ist. Feiern Sie allein, ohne Alkohol und ohne Zuckerwaren. Feiern Sie einen Erfolg und genießen Sie, was Ihnen wirklich gut tut, sodass Sie wach und munter werden. Eine Feier, die müde macht oder uns am nächsten Tag mit einem Kater quält, war keine Feier, es war eine Verzweiflungstat.

Feiern Sie wie die Alten und Weisen es früher taten. Suchen Sie sich etwas aus, was weniger alltäglich ist als ein Bier oder ein Glas Wein. Was könnte Ihnen gefallen? Was ist Ihnen Belohnung für ein Stück des Weges, das Sie gegangen sind? Machen Sie genau das zum Gegenstand Ihrer Feier. Denken Sie ruhig ein wenig nach. Feiern kann sein, mit seinen Kindern zu spielen. Feiern kann ein Spaziergang im Regen sein. Ein Telefonat mit einem Freund, der weit entfernt wohnt, kann ebenfalls zum Fest werden. Wenn Menschen regelmäßig feiern, aktivieren sie ihr Belohnungszentrum. Sie werden dadurch resistenter gegen billige Versuchungen.

Übung

Sie kennen sicher das Gefühl, allein zu Ihrer Lieblingsmusik im Wohnzimmer zu tanzen. Nun machen Sie genau das, aber Sie visualisieren, Ihr Zeitbild sei bei Ihnen und tanzte mit Ihnen. Was ist anders? Wie fühlt es sich an, mit der Zeit zu feiern?

Merksatz

Feiern ist der Rastplatz auf dem Weg des Lebens.

Zeitnot ist ein Phänomen der Moderne

Erst in der Neuzeit wurde Zeit zu einem wichtigen Thema. Warum kennen wir kein großes Zeitjammern aus der Vergangenheit? Weil die Zeit gefüllt war mit Leben! Doch dazu muss der Mensch zuerst Leben als etwas Allgemeingültiges und Universelles annehmen. Hören wir heute das Wort Leben, denken die meisten nur an sich selbst und an ihre Aufgaben, Bedürfnisse und Meinungen. Leben aber spielt sich um uns und in uns ab. Leben ist da, seit Anbeginn, und es wird auch nach uns noch sein. Leben zeigt sich in der Zeit. Können Sie sich vorstellen, wie das Leben ohne Zeit aussieht? Sicher nicht, denn die Zeit ist der Rahmen, in dem das Leben sich abspielt. Selbst wenn die Erde nur von Einzellern bevölkert wäre und es keine Zivilisation in unserem Sinne gäbe, wären diese Einzeller in Zeit eingebunden. Dieser zeitliche Rahmen gibt den Prozessen des Lebens eine Existenz. Auf A folgt B, auf B folgt C. Das ist Zeit. Dabei spielt es gar keine Rolle, wie viele Minuten, Stunden oder Jahre zwischen A und B liegen. Manche Zeitspannen sind so lang, dass wir Menschen sie nicht überblicken können. Manche Zeitspannen sind so kurz, dass wir sie scheinbar nicht wahrnehmen. Das Leben passiert.

Und genau das ist Zeit. Deshalb geht es in allen Überlegungen zur Zeitplanung eigentlich viel eher um die Inhalte als um die Zeit selbst. Die Zeit ist ja geplant, natürlicherweise durch Jahreszeiten, Wettereinflüsse und astronomische Zusammenhänge. Auch kulturell ist die Zeit bereits geplant. Es gibt klar definierte Zeiteinheiten, die in unserem Alltag zwischen der Sekunde und ungefähr einem Jahrhundert liegen, mehr können wir kaum erfassen. Wie sollen wir die Zeit füllen?

Früher füllten die Menschen ihre Tage und auch Nächte damit, den Takt des Lebens zu begreifen und sich ihm anzupassen. Leben, das war in ihnen und um sie herum. Leben findet nicht unter der Glasglocke der eigenen Existenz statt. Leben war unseren Vorfahren erst möglich, wenn ein bestimmter Takt, ein Rhythmus eingehalten wurde. Wenn Futterpflanzen zur falschen Zeit wachsen, die Erde zur falschen Zeit friert oder ich als Mensch zur falschen Zeit meinen Acker bestelle, gerät alles aus dem Lot. Das Ergebnis sehen wir heute in vielen Bereichen. Unsere Vorfahren wussten das. Sie waren abhängig von den Jahreszeiten. Die Menschheit wäre ohne dieses natürliche Zeitgefühl gar nicht entstanden. Man könnte auch sagen, unsere Vorfahren waren unbewusst eingebunden in die Natur. Sie konnten ihre eigenen Vorstellungen nur in einem ganz engen Rahmen durchsetzen. Im Winter gingen sie früh schlafen. Daran änderte auch die beste Zeitplanung nichts. In der Dunkelheit war kaum noch eine Tätigkeit möglich. War es vielleicht ein Segen, dass sie nicht die Wahl hatten zwischen elektrischem Licht oder natürlicher Dunkelheit? Zumindest machte es das Leben einfachen, es musste nicht gegrübelt und geplant werden. Die Uhr war die Natur. Und der Mensch hatte genug damit zu tun, diese Uhr im Blick zu behalten. Schließlich wechselt die Natur recht schnell.

Heute sind wir freier und haben uns daher durch künstliche Termine versklaven lassen. Wir können abends das Licht einschalten und den Tag verlängern. So entsteht eine künstliche Zeit, die wir füllen müssen. Wenn der Rahmen größer wird, entsteht eine Leere, es sei denn, die Inhalte nehmen ebenfalls zu.

Ein anderer Aspekt der modernen Welt ist mit dem gleichen Problem behaftet. Die Partnerschaften sind stark zeitabhängig verändert. Da früher alle arbeiteten, bis es dunkel war, entstanden kaum Möglichkeiten, in denen man sich selbst und miteinander beschäftigen musste. Lebensgemeinschaften hatten eine natürliche Führung. Heute verfügen die Mitglieder einer Lebensgemeinschaft über viel freie Zeit, die sie zumindest teilweise miteinander verbringen wollen. Doch womit? Die Arbeit ist am frühen Nachmittag getan. Es gibt nichts mehr zu tun. Waren früher Mann und Frau den ganzen Tag damit beschäftigt, für sich zu sorgen, endet diese Sorge und Versorgung heute schon mitten am Tag. Also müssen die Menschen sich etwas ausdenken, um nicht in einen Stillstand zu geraten. Sie erschaffen Handlungen, die untergebracht werden müssen. Da wir scheinbar mehr Stunden zur Verfügung haben, nehmen die Angebote zu. Und schon geraten wir wieder in Planungsnot. Wir müssen heute den ganzen Tag lang künstlich in Bewegung gehalten werden, denn notwendig ist diese Bewegung nicht mehr. Warum nicht einfach früh schlafen gehen? Warum müssen im Winter Lichternächte und Grillabende stattfinden? Und diese Lichterfeste und Grillabende müssen dann wieder finanziert werden. Einzig aufgrund der Erfindung der Elektrizität hat sich unsere eigene menschliche Natur noch lange nicht geändert. In zeitlichen Rahmen von 100 oder auch 200 Jahren passen Lebewesen sich nicht an. Die Evolution arbeitet viel langsamer. Die Organuhr, die unseren Stoffwechsel regelt, wird sich so schnell nicht ändern. Unsere Lunge reinigt sich im Einklang mit dem Sauerstoffspender Wald. Die Lunge kann sich bisher nicht an den Beginn einer Nachtschicht anpassen. Die Technologie hat die Welt verändert, nicht aber den Menschen in seiner Genetik. Wir alle haben schon von den Winterdepressionen gehört. Unser Organismus wird in den dunklen Monaten einfach schneller müde. Wenn wir das missachten, sind wir überfordert. Wir versuchen, aus uns natürlichen Wesen Kunstprodukte zu erschaffen. Darunter leidet zuerst das Zeitgefühl, denn Zeit gibt nun mal den Takt an. Ständig müssen wir Informationen einholen, immer wieder ändert sich alles. Das macht Angst, versetzt uns in Hektik und Stress.

Die Zeit in der Natur aber würde uns zur Ruhe kommen lassen. Nach einem arbeitsreichen Sommer können wir, ganz natürlich, einen ruhigen Winter verbringen. Uns würde nichts entgehen, denn der natürliche Lebensraum fordert im Winter kaum Arbeitseinsatz vom Menschen. Wir haben alles gleich gemacht. Wir arbeiten zwölf Monate im Jahr und verdienen immer gleich viel. Das hilft uns nicht, weil es dem Körper und der Psyche nicht gelegen kommt. Wir brauchen Zeitplanung, weil wir im Sommer zu wenig und im Winter zu sehr aktiv sind. Letztlich planen wir, wie wir unsere Natur möglichst schmerzfrei vergewaltigen und verbiegen können. Ein Mensch, der sich ständig fragen muss, was auf dem Plan steht, kann nur verunsichert sein. Zeit aber ist Sicherheit und Ruhe. Die echte, die natürliche Zeit, ist verlässlich, sie kehrt regelmäßig wieder. Dieses Wissen kann uns Sicherheit geben. Auch wenn Zeit einmal weniger erfreulich verläuft, kehrt sie doch wieder und wieder. Wir können sie immer wieder aufs Neue füllen, sie nimmt uns nichts übel.

Naturvölker haben es leichter

Viele Naturvölker leben noch in diesem Gefühl. Sie kennen grob gesagt Sommer und Winter. Es gibt Sommerereignisse und Winterereignisse. Und sowohl Sommer als auch Winter kehren stets wieder. Also brauchen sie sich nicht zu fragen, was zu tun ist.

Warum leben wir anders? Wie bereits gesagt, geht es bei uns nicht um Inhalte, sondern um Effekte. Wir wollen im Sommer nicht „Sommer leben" sondern die Anzahlung für das neue Auto verdienen. Dann fahren wir im Winter dieses neue Auto und müssen Überstunden machen, weil die Raten so hoch sind. Natur ist gleichgültig geworden, es geht um Besitz und Materie. Mit unseren Kindern leben wir nicht Kindheit, sondern wir arbeiten uns sprichwörtlich krumm, weil die Ausbildungsversicherung bezahlt werden muss. Ein armes Leben, so ohne Zeit und ohne Gegenwart. Dafür aber mit Zweitwagen, Kaschmirpullover und Sparverträgen. Mich macht es traurig, das zu sehen. Wozu das Auto, wenn es uns nur dorthin bringt, wo wir seinen Unterhalt verdienen? Viel Gewinn machen wir nicht. Wozu der Kaschmirpullover, wenn wir im Winter unsere Wohnungen auf Sommertemperaturen heizen? Und der Sparvertrag für die Zukunft, die wir körperlich und seelisch erschöpft erleben, wenn wir überhaupt dort ankommen?

Jeder von uns kann seine Ansprüche hinterfragen. So könnten wir nicht nur Zeit-, sondern auch Leistungsdruck verringern. Wir können uns viel Stress ersparen, wenn wir zuerst auf einen Baum und dann in einen Terminkalender schauen. Ich habe es getestet, etwa zwanzig Jahre lang. Mir ist noch keine Freundschaft zerbrochen, weil ich im Winter nach 17 Uhr nicht mehr unterwegs sein will. Kein Familienleben leidet, wenn alle abends zu Hause über Büchern und Spielen sitzen, sobald die dunkle Jahreszeit beginnt. Aber umgekehrt stimmt es genauso.

Niemand wird glücklich, nur weil er im Dezember bis tief in die Nacht arbeitet. Ehrgeiz kann er meist ebenso in der helleren Zeit beweisen. Wir brauchen die Zeit, in der die Natur schläft, für unsere eigene Entspannung.

Drei durchgemachte Winter sind wie zwei durchgemachte Nächte. Wir waren dann zwar dabei, haben Aktionismus gezeigt, aber die Erschöpfung danach kostet erneut Kraft. Letztlich bezahlen wir mit Zeit dafür, dass wir das Leben ignorieren. So entstehen die Zeitschulden, um die es später noch gehen wird.

Übung

Was gefällt Ihnen an der Natur besonders gut? Suchen Sie sich eine Pflanze oder ein Tier aus und stellen Sie sich vor, wie ein Tag für dieses Lebewesen verläuft. Wie wäre Ihr Zeitplan, wenn Sie eine Rose wären? Oder wie verliefe Ihr Tag, wenn Sie eine Entenmutter wären? Was wäre wirklich wichtig für das Leben? Wo ist in Ihrem Kalender der zeitliche Rahmen für Natur? Damit ist nicht gemeint, in der Natur spazieren zu gehen. Nein, wo ist Platz für Sie, um selbst Natur zu sein? Wo können Sie menschliche Wesensart, menschliche Grundgenetik leben?

Zeit vergeht immer gleich schnell

Je nach Inhalt empfinden wir die Zeit als langsam oder schneller vergehend. Fünf Minuten an der Ampel zu warten kommt uns lang vor, fünf Minuten einem Säugling beim Schlafen zusehen dagegen nur als kurzer Augenblick. Noch deutlicher lässt es sich bei der Arbeit spüren. Erledigen wir eine ungeliebte Tätigkeit, scheint die Zeit zu schleichen. Machen wir aber etwas, was unsere Aufmerksamkeit bindet, weil es uns interessiert, geht die Zeit oft viel zu schnell vorbei. Hier liegt der Schlüssel zum Tempo der Zeit. Alles, was unsere Aufmerksamkeit positiv bindet, scheint schneller zu gehen als das, was uns gleichgültig oder zuwider ist. Das hängt damit zusammen, dass unser Organismus wacher und schneller arbeitet, wenn wir uns gut fühlen. Handlungen und Zeitinhalte, die wir mit positiven Gefühlen verbinden, lassen unseren inneren Motor schneller laufen. So scheint auch die Zeit schneller zu vergehen. Wenn dann die betreffende Tätigkeit vorüber ist, sind wir traurig, weil uns der Treibstoff für unser Glücksgefühl ausgegangen ist. Glück ist eine Frage der Wahrnehmung. Laufen unsere Sinne auf Hochtouren, sind wir glücklicher. Wir riechen und hören besser, sehen schärfer, sogar der Stoffwechsel verbrennt Nährstoffe schneller.

Wir kennen das aus Phasen der Verliebtheit. Wir sind wach und nehmen den anderen so genau wahr, wie sonst kaum etwas. Deshalb machen Verliebte die Nacht zum Tag, die Zeit wird ihnen knapp und sie wollen so viel wie möglich vom neuen Glücksgefühl auskosten. Die Zeit scheint zu fliegen, denn unsere Wahrnehmung läuft auf Hochtouren. Das machen sich auch die modernen Medien zunutze. Früher sprach man schon beim Fernseher von der Gefahr der Reizüberflutung. Inzwischen werden alle Sinne auf Hochtouren genutzt, wenn ein Teenager in seinem Zimmer gleichzeitig den Fernseher einschaltet, den MP3-Player nutzt und parallel dazu mit zwei Freunden chattet. Die Zeit verfliegt und es kommt tragischerweise sogar vor, dass die Menschen vergessen, zu trinken oder zu essen. Hier sprechen wir von einem Suchtverhalten, der Kick im Kopf wird durch Mediennutzung erzeugt; der Betreffende will nicht mehr davon lassen. Unsere Wahrnehmung wird speziell durch Medien immer wieder, nahezu im Sekundentakt, wachgerufen. Wach-sein macht glücklich; es entsteht ein gutes Gefühl im Gehirn. Es scheint also um unsere Sinne zu gehen, wenn wir uns mit der Geschwindigkeit der Zeit befassen wollen.

Übung

Schreiben Sie auf, wann die Zeit verfliegt und wann sie sich in die Länge zu ziehen scheint. Wahrscheinlich ist die Zeit der ersten Kategorie befriedigender und wird positiver bewertet als die der zweiten Kategorie. Fragen Sie sich, welche Wahrnehmungsorgane angesprochen sind, wenn Sie meinen, die Zeit würde schnell vergehen.

Sicher werden Sie feststellen, dass die Zeit immer dann verfliegt, wenn Sie etwas gern machen und sich vollkommen einbringen in das Geschehen. Denken Sie an eine Oper. Die Akteure sind unter Spannung, warten auf ihren nächsten Einsatz und sind mit Leidenschaft dabei. Ihnen scheint eine Oper kurz. Aber wie empfindet ein Journalist die Zeit der Vorstellung, der Opern persönlich nicht mag, und als Kritiker für einen erkrankten Kollegen eingesprungen ist? Er schaut ständig auf die Uhr, langweilt sich und hofft, dass es bald zu Ende ist. Beide haben genau die gleiche Zeit verbracht, der eine mit, der andere ohne Interesse. Was uns nicht interessiert, scheint sich zeitlich in die Länge zu ziehen.

Dieses Phänomen macht sich auch die Werbung zunutze, ebenso wie die Medien, speziell das Internet. Ständig wird unsere Aufmerksamkeit neu geweckt. Medienpsychologen und Marketingexperten setzen akustische und optische Reize immer wieder neu ein, um unsere Aufmerksamkeit zu binden. In Zukunft soll es sogar möglich sein, dass in Kinos Gerüche wahrgenommen werden, die zum Spielfilm passen. In Supermärkten werden unsere Sinne auf die gleiche Weise angesprochen, um unser Interesse an den Produkten zu wecken und uns so zum Kauf zu bewegen. Dieses Wissen ist wichtig, um die eigene Zeit gut selbst gestalten zu können. Wir sollten wissen, was unsere Aufmerksamkeit weckt und was uns Freude macht. Denn die Zeit, die wir interessiert verbringen, vergeht zwar unserem Gefühl nach schneller, ist aber gleichzeitig auch die Zeit, an die wir uns gern erinnern. Die interessiert verbrachte Zeit ist die Zeit, in der wir zufrieden und sogar glücklich sein können. Wir leben, wenn wir unsere Sinne einsetzen. Und da wir einen Überlebenswillen haben, sind wir in der gelebten Zeit befriedigter als in der nur verbrachten, ungelebten Zeit.

Auch Veränderung braucht Zeit

Nun stelle ich mir vor, wie die eine oder andere Leserin oder Leser aufstöhnt und sich geärgert fühlt. Vielleicht denken Sie: „Was soll ich denn daran ändern, dass mir meine Arbeit nun mal keine Freude macht? Was kann ich denn dafür, dass mich Hausarbeit nicht interessiert?" Die Verlockung, sich ein Alibi für Zeitmangel zu suchen, ist groß. Meine Antwort darauf: Einer der großen Vorteile des Menschen ist, dass er sich selbst steuern kann. Der Mensch verfügt über die Fähigkeit, sich selbst Interesse oder Motivation zu verschaffen. Bis zu einem gewissen Grad haben wir nämlich unsere Reaktionen und unsere Gefühle in der Hand. Das unterscheidet uns von den anderen Säugetieren und von der Tier- und Pflanzenwelt allgemein. Wir können lernen, welche Reize uns ansprechen und welche nicht. Wir können unsere Umgebung so gestalten, dass wir Freude und Interesse an unseren Aktivitäten finden.

Während ich dieses Buch schreibe, sitze ich in einer Villa, die seit mehr als 20 Jahren weder bewohnt noch gepflegt wurde. Meine Familie habe ich bei mir. Wir wollen dieses wundervolle Haus renovieren, die alten Fenster, Türen und Treppen restaurieren und das Gebäude zu unserem Zuhause und zu einem Gästehaus machen. Es ist kalt, denn es gibt nur einen einzigen Heizlüfter, meine Söhne langweilen sich gerade und mein Computer steht im einzigen nutzbaren Raum. Trotzdem habe ich Freude an meiner Arbeit, begeistere ich mich für jede Zeile, die ich schreibe. Warum? Nun, ich kenne mich und bemühe mich darum, mich eigenverantwortlich zu steuern. Deshalb habe ich den Tisch so gedreht, dass ich einen goldgelben Ahorn vor dem Fenster sehen kann. Meinen Söhnen habe ich Tierlexika zum Lesen gegeben, mit vielen bunten Bildern. Und ihr Geplapper über Herkuleskäfer und

Riesenskorpione ist für mich schöner als Radio. Außerdem interessiert mich das Thema dieses Buches. Mich interessiert der Umgang mit Sprache und mich interessiert das Thema Zeit. Für mein Interesse muss ich selbst sorgen. Interesse entsteht, indem ich meine Sinne wecke. Wie fühlt sich diese Handlung an? Was rieche ich gerade? Was hören meine Ohren? Haben Sie schon einmal auf die Tasten gelauscht, wenn Sie am Computer einen Text schrieben? Es geht, probieren Sie es. Das Radio im Hintergrund ist vollkommen überflüssig. Radio ist ein Erlebnis, wenn Sie sich darauf konzentrieren können und wollen. Aber Radio betäubt Sie, wenn Sie sich auf eine andere Tätigkeit konzentrieren wollen. Wer Zeit genießen will, muss sich der Gegenwart hingeben und ihre schönen Seiten entdecken. Alles im Leben hat langweilige und spannende Seiten.

Alles im Leben ist so: Es gibt immer eine Schattenseite und eine Sonnenseite. Jeder entscheidet für sich selbst, welche Seite er betrachten will. Ich könnte mit den vielen Menschen über Zeit sprechen, die immer darüber jammern, keine zu haben. Das würde mir die Freude am Thema verleiden. Ich kann aber auch mit Menschen sprechen, Quellen lesen und Autoren zu Rate ziehen, die das Thema lieben. Ich habe die Wahl und Sie haben sie auch. Wählen Sie! Wenn Sie kein Interesse an der Hausarbeit haben, dann wecken Sie Ihr Interesse. Verbinden Sie mit der Hausarbeit Dinge, die Ihnen guttun und Ihnen gefallen. Geben Sie ein paar Tropfen Orangenöl in Ihr Putzwasser und schon werden Sie sich freuen, wenn Sie den Duft beim Putzen wahrnehmen. Bügeln Sie mit einem Bügeleisen, dass Ihnen gefällt und dessen Design Sie begeistert. Dann werden Sie wacher sein und die Zeit wird Ihnen nicht nutzlos oder gequält vorkommen. Schalten Sie Ihren Kopf und Ihre Sinne an und nehmen Sie nicht einfach alles so hin, wie es ist. Steuern Sie sich. Sie putzen lieber mit einem roten Lappen als mit einem blauen? Prima. Dann kaufen Sie einen roten Lappen und haben mehr Freude an der Haushaltszeit.

Merksatz

Jeder Mensch ist für sein Interesse selbst zuständig und in der Lage, sich zu motivieren.

Übung

Führen Sie ein Zwiegespräch mit Ihrem Zeitbild, wenn Sie sich unwohl fühlen oder schlechte Laune haben. Fragen Sie Ihre Zeit, was Sie sich wünscht. Stellen Sie sich Ihre Zeit ganz konkret und deutlich vor. Nehmen Sie sich Zeit für Ihre Übung. Warten Sie geduldig ab, bis Ihr Zeitbild sich äußert. Und dann geben Sie diesem Impuls einfach nach, die Welt wird nicht untergehen, wenn Sie Ihre Lebenszeit genießen.

Merksatz

Wer Zeit genießen will, muss sich der Gegenwart hingeben.

Ohne Motivation dauert alles länger

Viele warten auf Motivation wie auf den Weihnachtsmann. Motivation heißt Bewegung. Bewegung kann nicht von außen kommen, sondern nur von innen. Haben Sie die Kraft, sich von selbst in Bewegung zu setzen, auch wenn eine weniger freudvolle Aufgabe ansteht? Es gibt einen einfachen Trick, wie Sie schwere Aufgaben leichter bewältigen. Setzen Sie sich bei Dingen, die erledigt werden müssen, Grenzen. Planen Sie, wie viel Zeit Sie HEUTE maximal für diese Aufgabe einsetzen wollen. Diese maximale Grenze notieren Sie. Dann setzen Sie eine Untergrenze fest. Wie viel Zeit wollen Sie HEUTE mindestens investieren? Beide Grenzen rechnen Sie zusammen und teilen das Ergebnis durch zwei. Jetzt haben Sie Ihren Richtwert. Das Ergebnis ist die Zeit, die HEUTE investiert werden sollte, damit Sie sich weder überfordern noch zu sehr unter dem Aufschub leiden. Als Beispiel betrachten wir die Steuererklärung. Sie wollen vielleicht HEUTE maximal zwei Stunden investieren. Mindestens fühlen Sie, dass Sie 30 Minuten einsetzen wollen. So ergibt sich eine Summe von 150 Minuten. Durch zwei geteilt erhalten Sie als Richtwert 75 Minuten. Diese Rechnung führen Sie bezüglich der Steuererklärung so lange täglich durch, bis sie fertig sind. Sie werden staunen, wie schnell es geht und wie wenig Motivationsprobleme Sie haben.

Merksatz

Motivation kommt nie von außen, wahre Motivation kommt von innen.

Achten Sie auf den Weg

Viele Menschen haben verlernt, sich Wege anzuschauen. Sie haben nur noch die Ziele im Blick. Handlungen können Freude machen. Wie Sie bereits gelesen haben, machen aber nur die Handlungen wirklich Freude, die unsere Sinne ansprechen. Handlungen, die wir wie die Roboter erledigen, erzeugen in uns ein unangenehmes Gefühl der Leere. Wir sind inzwischen so auf den Effekt, das Ergebnis einer Handlung ausgerichtet, dass wir das Handeln selbst nicht mehr wahrnehmen. Alles muss schnell fertig werden und fertig sein. Und was dann? Das Gehirn braucht Anreize, um gut arbeiten zu können. Aber die Grundlage des Gehirns sind die Wahrnehmungen, sonst gibt es nichts zu verarbeiten. Wir sollten wieder lernen, auf den Weg zu achten. Das Ziel erreichen wir dann fast wie von selbst. Wir brauchen Ziele nur, um Richtungen erkennen zu können. Ziele dürfen aber nicht unsere einzigen Inhalte sein. Auch die Wege selbst sind wichtig. Und gerade das Erleben während der Wege ermöglicht uns Wahrnehmungen mit allen Sinnen.

Lassen Sie mich ein Beispiel anführen. Eine Frau will für ihr Enkelkind einen Pullover stricken. Sie stellt sich vor, wie hübsch der Pulli wird und wie sehr sich das Kind darüber freut. Aber zwischen diesen Gedanken und dem

Kauf der Wolle liegen etwa 20 Stunden. Was soll in diesen 20 Stunden geschehen? Bei vielen Menschen nichts. Sie stricken dann wie eine Maschine und denken immerfort an das Ergebnis. So wird das Stricken zu einer Arbeit, die nur erledigt werden muss, weil ein Ergebnis angestrebt wird. Wie schade. Dabei könnte sich die Frau schon an der Farbe und der Beschaffenheit der Wolle erfreuen. Sie könnte wahrnehmen, wie geschickt und gelenkig ihre Finger sind und das, ohne auch nur einen Gedanken an den fertigen Pullover zu verschwenden. Ein anderes Beispiel finden wir tagtäglich in der Arbeitswelt. Viele Menschen arbeiten nur für den Lohn am Ende eines Monats. Ihre Arbeit selbst und sich selbst während ihrer Arbeit nehmen manche gar nicht wahr. So wird Arbeit zu einer unangenehm verbrachten Zeit, für die wir dann entschädigt werden müssen. Wie schrecklich, wenn bei durchschnittlich 163 Stunden im Monat nichts herauskommt an Freude, Erfahrung oder Sinn. Wie schlimm, dass manche Menschen nur ihre Zeit verkaufen, während sie berufstätig sind. Dieses unbefriedigende Ergebnis findet sich in der gesamten Bevölkerung, angefangen bei Arbeitsunlust und Demotivation bis hin zu Burnout und Mobbing. All das sind Ergebnisse einer unbefriedigenden, ungelebten Zeit.

Übung

Die folgende Übung können Sie gut draußen durchführen, aber Sie sollten sie auch einmal in Ihrem Zuhause testen. Nehmen Sie sich 30 Minuten Zeit und setzen Sie einen Fuß vor den anderen. Gehen Sie einen Waldweg, eine Straße oder einen Weg durch Ihre Wohnung. Nehmen Sie bewusst wahr, wie sich Ihre Wahrnehmung nach jedem Schritt ändert. Es riecht nicht überall gleich. Was Sie sehen, ist sicher immer etwas anderes. Auch verschiedene Geräusche werden Sie wahrnehmen. Wenn Sie durch Ihre Wohnung gegangen sind, werden Sie vielleicht etwas verändern wollen. Viele Menschen nehmen ihre eigene Umgebung nicht wahr. Sie leben und bewegen sich, als sei immer alles gleich.

Und in den wenigen wachen Momenten fragen sie sich dann, wer sie eigentlich sind. Wenn Sie mögen, können Sie diese Übung auch in Begleitung Ihres Zeitbildes durchführen. Wie reagiert Ihr Zeitbild auf den Weg?

Einen Weg bewusst zu gehen, gibt der Zeit Tiefe. Aber noch ein anderer Gewinn resultiert aus dem bewussten Gehen. Das Ziel erhält seinen Wert durch die Summe der einzelnen Schritte. Die Seele braucht Zeit, um sich der Erfüllung zu nähern. Menschen können nicht fliegen. Unsere Seelen sind an unseren Körper gebunden und Gefühle werden auch im Körper abgebildet. Wenn Sie Zeit erleben wollen, dann denken Sie einmal über die folgende Geschichte nach:

Ein Falke trifft auf einen Hasen. Die beiden plaudern über den Wald und die Welt und beide erkennen, dass sie sich danach sehnen, das Gebirge in der Ferne zu ergründen. Der Falke entscheidet, seinen Flug dorthin zu starten, doch er will den Hasen mitnehmen, empfindet er doch eine tiefe Freundschaft für Meister Langohr. Er bietet dem Hasen daher an, ihm das Fliegen beizubringen oder darüber nachzudenken, wie der Falke den Hasen transportieren könnte. Der Hase lehnt dankend ab. „Ich werde zu Fuß zum Gebirge kommen, dort treffen wir uns dann." Der Falke kann den Hasen nicht verstehen. „Warum hast du nicht den Ehrgeiz, so schnell zu sein wie ich?", fragt er seinen Freund. „Nun, du siehst die Welt von oben und sammelst die Nahrung für deine Seele in der Luft. Sie ist daran gewöhnt. Während sie auf dem Weg zum Gebirge ist, kann sie sich nähren durch die vielen schönen Aussichten, die deine Flugkünste ihr beschaffen", entgegnet der Hase. „Meine Seele ist anders gebaut. Sie braucht den Wiesenduft und all die kleinen Besonderheiten auf der Erde, um sich gut zu fühlen. Würde ich fliegen, müsste meine Seele hungern." Leider lassen viele Zeitgenossen ihre Seele hungern und achten nur darauf, was sie in der Ferne erreichen wollen, statt Nahrung für ihre Seele in der Gegenwart zu sammeln.

Merksatz

Das Ziel verliert seinen Wert, wenn der Weg nicht erlebt wird.

Sinnvoll kommt von Sinn

Das kleine Wort „sinnvoll" wird häufig genutzt und selten verstanden. Sinnvoll kommt von Sinn. Die Sinne des Menschen sind das Sehen, Tasten, Hören, Schmecken und Riechen. Über die Sinnesorgane sind wir mit der Welt verbunden. Wir nehmen Kontakt zu unserer Umwelt auf, weil wir sie mit den Sinnen wahrnehmen können. Die Umgebung offenbart sich uns über die Sinnesorgane. Wenn wir unsere Sinne blockieren, sind wir nicht mittendrin und haben keine Möglichkeit, den Minuten, Stunden und Tagen einen Inhalt zu geben. Der Lateiner hat dafür das Wort „interesse" genutzt. Es bedeutet so viel wie „dabei sein", „mittendrin sein". Wer also teilhaben will am Leben und an Zeit, der muss dabei sein. Ein Mensch, der nicht wahrnimmt, ist nicht in der Mitte des Geschehens, er ist ausgeschlossen. So erlebt er nichts und entwickelt nicht das Gefühl von sinnvoller Lebenszeit.

Wir leben in einer Gesellschaft, in der das Betäuben der Sinne eine große Bedeutung hat. Nichts zu merken, ist für viele Menschen schon zu einer üblen Gewohnheit geworden. In Teilen der Jugendszene gilt es als cool, sich von nichts berühren zu lassen. Männer werden in bestimmten sozialen Gruppen als stark gesehen, wenn sie alles kalt lässt. Das ist eine Verleugnung der Sinne und damit eine Verleugnung des eigenen Lebens. Leben ist Wahrnehmen im Takt der Zeit. Und die modernen Wissenschaftler haben erkannt, dass uns ein Zeittakt vorgegeben ist. Derzeit machen sie Eiweißverbindungen in unseren Zellen dafür verantwortlich. Wir teilen diesen Eiweißtakt mit allen Lebewesen auf der Erde und sollten daher lernen, die Zeit als das zu begreifen, was sie ist: eine biologisch vorgegebene Taktung in unserer Zellstruktur. Wir müssen nicht an Zeit und über Zeit denken. Wir müssen die Zeit annehmen und mit ihr umgehen. Dafür brauchen wir keine großen Theorien oder komplizierten Schulungen. Wir brauchen Taktgefühl. Und wir brauchen einen Takt und unser Gefühl. Heute gehen Forscher davon aus, dass unsere Gegenwart immer ungefähr drei Sekunden lang dauert. Darauf habe ich bereits hingewiesen. Nach drei Sekunden kommt eine neue Gegenwart. Nutzen wir diesen Takt nicht, driften wir in die Erinnerung ab, eine Zeit, die nur eine Illusion darstellt, denn die objektive Erinnerung gibt es nicht.

Merksatz

Zeitgefühl bedeutet, den Takt des Lebens zu fühlen.

Übung

Üben Sie einmal, drei Sekunden wahrzunehmen. Langsam von 21 bis 23 zu zählen dauert in etwa drei Sekunden. Zählen Sie und spüren Sie, wie lang drei Sekunden dauern. Drei Sekunden sind viel. Ich kann in drei Sekunden einem Menschen Zärtlichkeit geben. Drei Sekunden reichen, um sich selbst im Spiegel in die Augen zu schauen oder einer Pflanze Wasser zu geben. Üben Sie diesen Takt ein, indem Sie in ihm atmen. Drei Sekunden einatmen, danach drei Sekunden ausatmen. Takten Sie sich etwa drei Minuten lang jeden Morgen nach dem Aufwachen so ein und Sie werden schon beim Aufstehen merken, dass Sie der kommenden Zeit des Tages gelassener und bewusster entgegensehen können.

Wenn das Erlebnis der Zeit mit unseren Sinnen verbunden ist, sollten wir unsere Sinne schulen. Machen Sie dafür einen Versuch mit der folgenden Übung.

Übung

Besorgen Sie sich ein Duftöl, ein Stück Stoff oder noch besser Schleifpapier und einen Bildband.
Sorgen Sie für einen ruhigen Raum.
Lassen Sie drei Sekunden mit geschlossen Augen verstreichen. Dann nehmen Sie sich drei Sekunden Zeit, um den Duft Ihres Öls wahrzunehmen. Welche Sequenz hat Ihnen mehr Inhalt gegeben? Was hat Ihnen besser gefallen? Ebenso verfahren Sie beim Betrachten des Bildbandes und dem Fühlen Ihres Stoffes/Schleifpapiers. Sie werden die Zeit der Wahrnehmung als angenehmer empfinden. Deshalb ist die gefüllte Zeit nicht die Zeit, die wir mit Aktionismus und Aufgaben füllen, sondern gefüllte Zeit ist die Zeit, die wir mit Sinneseindrücken füllen. Und das können wir unabhängig von der Umgebung. Wir brauchen weder Geld noch irgendetwas anderes, um sinnvolle Zeit zu verbringen, denn unsere Sinne sind ein untrennbarer Teil von uns.

Machen Sie die Zeit zu einem Ereignis

Wenn Zeit mit Sinnen zusammenhängt, sollte sich in der Zeit etwas ereignen, das von unseren Sinnen aufgenommen werden kann. Dieser Erkenntnis bedient sich die Unterhaltungsindustrie. Sie gibt uns ständige, meist optische oder akustische Reize, damit wir am Ball bleiben. Ein Film zeigt uns in rascher Abfolge immer neue Bilder, schneller als wir sie bewusst wahrnehmen. Die Musikindustrie dudelt dank neuer Techniken unaufhörlich Tonfolgen per Ohrstöpsel direkt in unsere Ohren, wenn wir es zulassen. Und haben wir uns dann an die Dauerverkabelung gewöhnt, werden die Werbeeinblendungen immer häufiger und länger. Wer kann schon einen MP3-Player nutzen und gleichzeitig seine Sinne wach halten? Kaum ein Mensch kann bei den eigenen Sinneswahrnehmungen bleiben, wenn die Fremdreize so übergroß werden. Wir werden im wahren Sinne des Wortes abgelenkt, unsere Sinne umgelenkt. Deshalb sollten wir darauf achten, dass wir das wahrnehmen, was uns dient. Dafür müssen wir die Ereignisse unseres Lebens selbst gestalten.

Wir können mit den abstrakten Zeitangaben der modernen Welt nichts anfangen. Was soll schon der „10. Mai 2012" bedeuten? Unsere Zeit muss zur Ereigniszeit werden. In vielen Kulturen, die nicht den Standard der modernen Industrienationen haben, gibt man Termine nach Ereignissen an. Dort heißt es „wenn der Mond untergeht" oder „in der Erntezeit". Solche Angaben füllen die Zeit, die wir erleben. Was genau erleben wir in den verschiedenen Zeitspannen? Im Alten Testament dichtet Salomo über die rechte Zeit. Damit ist gemeint, dass es für jede Handlung eine richtige Zeit gibt. Wir können mit Zahlen kaum Gefühle verbinden. Deshalb können wir mit einer Zeit, die nur über Zahlen definiert ist, auch nichts anfangen. Stattdessen brauchen wir die Zeit, die voller Eindrücke und Erlebnisse ist, eben eine Erlebniszeit. Wie fühlt sich „Sonntag, 17 Uhr" an gegen „Zeit der Gemeinschaft"? Die zweite Angabe macht die Zeit voll und erzeugt Vorfreude. Nur Ereigniszeit hat Inhalte und einen Sinn. Um aber die Zeit als Zeit der Ereignisse zu fühlen, brauchen wir Wahrnehmung und Achtsamkeit.

Was erfahren wir eigentlich in der Zeit, die wir verbringen? Große Zeitspannen werden gar nicht von uns gefüllt, sondern von außen vollgestopft. Die Medien sind das beste Beispiel dafür. Wenn wir vor dem Fernseher sitzen, erleben wir nichts. Der Schauspieler hat seine Arbeitszeit sinnvoll verbracht, die Marketingchefs der Sendeanstalten ebenso. Auch der Drehbuchautor hatte eine Ereigniszeit, während er das Programm mit seinen Ideen füllte. Uns aber wird das Ergebnis vorgesetzt, das sie in ihrer Ereigniszeit erzielt haben. Während wir fernsehen, sind unsere Sinne teilweise ausgeschaltet. Wir riechen nichts, wir fühlen nichts oder nur aus der Konserve, wir spüren nichts. Nur hören und sehen dürfen wir, und zwar das, was andere für uns auswählen. Diese Zeit ist hohl. Sie gibt kein Erleben frei, wir erfahren uns nicht. Das bedeutet, dass die Zeit eine Lücke hinterlässt. Jeder wird das Gefühl der Leere kennen, das entsteht, wenn wir nicht mit allen Sinnen bei der Sache sind. Daher bedeutet Zeit sinnvoll zu verbringen, seine Sinne zu nutzen und alles wahrzunehmen, was geschieht und sich in uns und um uns herum ereignet.

Beginnen Sie also, Zeit mit Ereignissen zu füllen. Menschen und andere Säugetiere haben das starke Bedürfnis nach Verbundenheit und nach Wachstum. Wo ist Ihre Zeit der Verbundenheit? Und wo ist Ihre Zeit des Wachstums? Jede schwierige Aufgabe ist sinnvoller und bringt mehr Freude, wenn sie als die Zeit des Wachstums begriffen wird, die sie darstellt. Wer für eine Prüfung lernt, wird sich quälen, wenn er glaubt, ausschließlich für den Prüfungsausschuss zu lernen. Wer aber begreift, dass er durch das erworbene Wissen ein Wachstum erlebt und sich selbst dabei bewusst wahrnimmt, der wird das Lernen als eine Ereigniszeit erfahren. Wachsen macht Freude. Gemeinschaft macht Freude. Erleben macht Freude. Erkennen Sie, welche Zeitspannen diesen Ansprüchen gerecht werden und welche nicht. Um Zeit zu erleben, brauchen Sie im optimalen Fall für jeden Ihrer fünf Sinne einen Reiz. Sorgen Sie also grundsätzlich für Duft, Anblick, Töne, Geschmack und den Tastsinn, wenn Sie Zeit bewusst erleben wollen.

Es ist gegenwärtig oft die Rede davon, aus Zeit „etwas herauszuholen". Damit ist meist ein Ergebnis gemeint. Holen Sie anders etwas aus Ihrer Zeit heraus. Konzentrieren Sie sich nicht auf ein besonders gutes Ergebnis, sondern darauf, wie intensiv Ihre Sinne während einer Zeitspanne angesprochen werden. So erhalten Sie die oft geforderte „sinnvoll genutzte Zeit". Es mutet schon komisch an, wenn man sich manche Eltern mit ihren Kindern anschaut. Ein Kind lässt innig Sand zwischen seinen Fingern rieseln und summt dabei ein kleines Lied. Es ist vertieft in das Gefühl des feinen Sandes in seiner Hand. Das Kind nimmt das Glitzern der Sonne in den Sandkörnern wahr und geht in seiner Handlung auf. Oft reagieren Eltern darauf mit Schelte. „Komm sofort rein, du kannst mit deiner Zeit was Sinnvolles machen, lern lieber deine Englischvokabeln." Nicht, dass ich etwas gegen das Pauken von Vokabeln hätte, obwohl es intelligentere Möglichkeiten gibt, eine Sprache zu lernen. Aber einen Menschen aus der Erfahrung mit seinen Sinnen herauszurufen und ihm noch das Gefühl zu geben, etwas Sinnloses zu tun, schafft eine Gesellschaft voller Hamster in Laufrädern, sinnentleer und damit auch immer in der Gefahr, sich sinnlos zu fühlen.

Exkurs – Zeit und Sucht

Unsere Gesellschaft leidet unter einem großen Suchtpotenzial. Die Zahl der suchtkranken Menschen steigt. Es scheint, als würden sich regelmäßig neue Süchte bilden. Süchtige Menschen sind arbeitssüchtig, beziehungssüchtig, alkoholsüchtig oder kaufsüchtig und vieles mehr. Es gibt kaum eine Sucht, die es nicht gibt. Die Suchtmittel verändern sich. Doch ganz gleich, ob es um Online-Sucht, Spielsucht oder Alkoholsucht geht, Sucht bedeutet totgeschlagene Zeit. Sucht kommt von Suche. Die Suche nach einer Tiefe endet nicht selten in schweren körperlichen und seelischen Erkrankungen bei sich selbst und im Umfeld. Die Betroffenen suchen Nahrung für ihre eigene Seele. Diese Nahrung ist aber an den sinnvollen Umgang mit Zeit gebunden. Wenn wir verlernen, dass unsere Sinne das einzige Instrument sind, mit dem wir uns versorgen können, haben wir keine Chance auf Befriedigung. Suchtkranke Menschen befinden sich im Teufelskreis des modernen Geschwindigkeitswahns. Sie suchen Befriedigung und werden nicht satt. Also hetzen sie zur nächsten Chance und werden erneut nicht satt. Sie genießen nicht, daher ist ihre immerwährende Suche sinnlos. Ohne ihre Sinne zu nutzen, kippen sie Alkohol in sich hinein und geben sich keine Zeit. Suchtkranke haben kein Erleben, sondern Konsum. Sie blenden das Gefühl, das eigentliche Leben, konsequent aus und bleiben daher auf der Suche, bis sie lernen, ihrer Zeit Tiefe und Ruhe zu geben.

Fragen Sie sich in einer ruhigen Minute, ob Sie auf der Suche sind. Klären Sie für sich selbst ab, ob Sie Hilfe dabei brauchen, Ihrem Leben eine Struktur zu geben. In diesem Fall kann dieses Buch Ihnen Anregungen geben, doch Sie sollten sich professionelle Hilfe suchen. Bei vielen Menschen mit großen Zeit-Schwierigkeiten liegt eine Erkrankung zugrunde. Wer nicht zur Gruppe der Suchtkranken gehört, kann auch deshalb zeitliche Schwierigkeiten haben, weil er mit einem Suchtkranken zusammenlebt. Er könnte co-abhängig sein. In der Bundesrepublik gibt es viele Betroffene; Sie können im folgenden Test abklären, ob das auch auf Sie zutrifft. Wenn dem so ist, dann rufen Sie ohne Scheu eine Suchtberatungsstelle an, dort wird man Ihnen weiterhelfen. Das muss Ihnen nicht peinlich sein. In einer Gesellschaft, in der Suchtmittel leider alltäglich sind und es eine Erziehung zum Konsum gibt, sind mehr Menschen betroffen, als man annimmt. Nur nützt all Ihre Mühe gar nichts, wenn ein solches Symptom im Hintergrund schwelt. Abhängigkeit und auch Co-Abhängigkeit werden Ihren Fleiß und Ihre Mühe immer wieder zunichtemachen.

Test – Bin ich co-abhängig?

Lesen Sie die folgenden Aussagen. Wenn mehr als vier auf Sie zutreffen, sollten Sie eine Beratungsstelle kontaktieren. Dort wird man mit Ihnen Wege finden, wie Sie sich emanzipieren, ohne dass mehr Schaden entsteht als notwendig.

1. *In meinem Umfeld habe ich viel mit unzuverlässigen Menschen zu tun.*
2. *Meist werden meine Bedürfnisse von meiner Umgebung nicht gehört.*
3. *Ich bin oft in der Position, dass ich andere motivieren und unterstützen kann.*
4. *Ich werde meist als sehr großzügig gesehen.*
5. *Manchmal entsteht mir ein Schaden, weil ich nicht dazu gekommen bin, meine Angelegenheiten fristgerecht zu regeln.*
6. *Meine Familie nimmt mich sehr in Anspruch.*
7. *Obwohl ich in einer Beziehung bin, fühle ich mich oft allein.*
8. *Ich habe Angst, andere zu verletzen.*
9. *Ich lebe mit einem suchtkranken Menschen zusammen.*
10. *Früher hatte ich mehr Freude und mehr Freunde.*

Denken Sie selbst gründlich darüber nach, ob Sie co-abhängig sind. Diese Anlage kann ein Mensch schon aus dem Elternhaus mitbringen. Er ist nicht schuldig, sondern hilfsbedürftig. Sollten Sie die Vermutung haben, dass Sie betroffen sind, lesen Sie vielleicht noch ein Buch über dieses Thema oder informieren sich im Internet, um Klarheit zu schaffen.

Übung

Notieren Sie einen Tag lang, was Sie tun. Abends oder am folgenden Tag sortieren Sie Ihre Handlungen in Ereigniszeit und in abgestumpfte Zeit ohne nennenswerte Sinneserfahrungen. Wie ist das Verhältnis? Gibt es die Möglichkeit, die sinnenlose Zeit zu verkürzen?

Rituale sind Alltagsereignisse

Rituale sind Ereignisse, die dazu dienen, die Sinne zu füttern. Wenn wir Rituale pflegen, dann wegen der Gefühle, die dabei entstehen. Denken wir allein an das Ritual der Bescherung zu Weihnachten. Es entstehen positive Gefühle, wenn wir Geschenke auspacken und noch positivere Gefühle, wenn andere sich über Geschenke von uns freuen. Für dieses relativ kurze Ritual nehmen wir oft tage- oder wochenlange Vorbereitung in Kauf. Kaum ein Mensch möchte freiwillig darauf verzichten.

Rituale bieten eine besondere Fülle an Wahrnehmungsmöglichkeiten. Meist sind bei Ritualen alle Sinne angesprochen. Ein rituelles Weihnachtsessen zum Beispiel schmeckt nicht nur, es sieht auch gut aus, im Hintergrund läuft gute Musik, alle sind hübsch angezogen und ein schöner Duft liegt in der Luft. Meist gehören zu Ritualen Mahlzeiten, Düfte und Klänge. Doch diese Rituale sind viel zu selten geworden. Der Alltag besteht nur noch aus Gewohnheiten, also Abläufen, die sich nicht durch ihre Gestaltung, sondern durch ihren Zeitpunkt wiederholen.

Stellen wir uns die Gewohnheit vor, nach Dienstschluss im Schnellimbiss eine Bratwurst zu essen. Die Wurst ist halb verkokelt, der Imbiss riecht unangenehm nach abgestandenem Fett. Die Schürze der Bedienung ist fleckig. Das Radio auf dem Tresen dudelt in mieser Tonqualität vor sich hin. Das kann kein Mensch wirklich brauchen. Und doch schleichen sich solche Gewohnheiten ein. Auch hier helfen die drei Sekunden: „Brauche ich das wirklich?" Wer sich darauf eine ehrliche Antwort gibt, spart Zeit und Geld. Beides kann er für ein Ritual oder zumindest einen echten Genuss gut einsetzen.

Rituale lassen sich mit Festen vergleichen. Sie setzen quasi feste Punkte in das Leben. Rituale können Sie allein oder zu zweit und auch in Gruppen feiern. Manche Familien haben gemeinsame Rituale. Rituale sollten aber immer eine innere Qualität haben. Oben habe ich erzählt, dass das rituelle Essen viele oder alle Sinne anspricht. Doch es darf nicht vergessen werden, dass es nicht um das Essen geht, sondern um die Gemeinschaft. Wenn alle schweigend auf ihren Teller starren und sich den Bauch vollschlagen, dann handelt es sich um bloße Nahrungsaufnahme. Dieser technische Vorgang ist aber kein Ritual, sondern führt wieder in die Sackgasse der Automatisierung unseres Lebens. Wenn Sie niemanden finden, mit dem Sie gemeinsam ein Ritual feiern können, dann machen Sie es für sich allein. Mindestens zum Wechsel der Jahreszeiten sollten Sie ein Ritual haben. Und das muss mehr sein als nur die Quälerei beim Wechsel der Fensterdekoration.

Exkurs – Rituale für Anfänger

Rituale sind Handlungen, die regelmäßig wiederkehren. Früher hatten Rituale oft einen religiösen Hintergrund. Das ist noch heute so. Rituale sind Hinwendung zum Leben und damit spiritueller Natur. Ein paar kleine Ritualvorschläge können Sie hier lesen. Sie sind alle erprobt und können im Alltag ohne viel Aufwand gelebt werden. Streng genommen sind Rituale in mehrere Teile gegliedert. Zuerst wird vor einem Ritual eine Vorbereitung getroffen. Diese Vorbereitung ist das Reinigen seiner selbst und des Raumes, in dem das Ritual stattfindet. Alle benötigten Gegenstände holt man vorher zusammen, um nichts unterbrechen zu müssen. Jedes Ritual beginnt mit einer sogenannten Anrufung. Es geht darum, sich Unterstützung zu erbitten für sein Gelingen. Sie können diese Anrufung durch das Anzünden einer Kerze ersetzen und damit das Licht hinzubitten. Sie können aber auch mit einem Gebet beginnen und die Hilfe Gottes, eines Schutzengels oder einer anderen für Sie positiv belegten Kraft einladen. Dann folgt der Inhalt des Rituals. Sie möchten etwas erreichen. Diese Bitte können Sie formulieren, aufschreiben oder sich zumindest bewusst vor Augen halten. Und zum Schluss bedanken Sie sich für die Unterstützung bei dem, den Sie angerufen haben. Dankbarkeit ist eine Voraussetzung dafür, dass sich ein Effekt nach einem Ritual einstellt. Dankbarkeit öffnet das Herz und so kann das Ritual wirken. Die folgenden kleinen Ritualbeispiele sind für Anfänger und Ungeübte geschrieben. Wer sich mit Ritualen auskennt, wird mit ihnen nichts erreichen können. Aber sie stellen einen Anfang dar, der gemacht werden muss.

Ritual zur Wahrnehmung der Natur

Suchen Sie sich einen Tag im Monat aus, an dem Sie einen Termin mit sich selbst eintragen. Das könnte immer der erste Sonntag im Monat sein oder der Vollmondtag. An diesem Tag gehen Sie mit Ihrer Kamera in die Natur und machen Fotos von den Pflanzen und vielleicht auch Tieren in Ihrer Umgebung. Sie können diese Fotos im Laufe der Monate zu einer Collage oder einer Fotowand zusammensetzen. Beenden Sie das Ritual mit einer Belohnung. Sie könnten sich etwas zu essen kochen, was genau in die Jahreszeit passt.

Als Anrufung schlage ich eine Atemübung vor, in der sie die Natur bitten, sich Ihnen zu zeigen. Atmen Sie ein und aus, während Sie beim Einatmen die Natur in sich einströmen lassen und sich selbst beim Ausatmen in Gedanken in die Natur verströmen. So vermischen Sie sich in Ihren Gedanken. Ihre Bitte bei diesem Ritual klingt etwa so: Ich bitte um Konzentration, damit ich Nahrung für meine Augen finde. Und der Dank sollte so ausfallen, dass er auch in der Natur ankommt. Bedanken Sie sich bei der Natur durch Wildfutter oder Vogelfutter im Winter oder durch eine Spende an eine Naturschutzorganisation. Sie können sich auch bedanken, indem Sie ein paar Stunden opfern, um Müll aus dem Wald oder Park oder wo auch immer aufzusammeln. Das können Sie übrigens mit dem folgenden Ritual kombinieren. Hier merken Sie: Rituale sind kein Spaß. Sie sind wichtig und von unschätzbarem Wert.

2. Ritual der guten Tat

Zeit ist am schönsten, wenn Sie uns glücklich macht. Suchen Sie sich einen festen Tag im Monat aus, an dem Sie heimlich eine gute Tat vollbringen. Das ist ein Tag, an dem Sie anonym etwas verschenken, heimlich den Schreibtisch Ihres Partners aufräumen oder die Blumen Ihres Kindes umtopfen, ohne darüber zu sprechen. Füllen Sie Ihre Zeit damit, Ihre eigene Großzügigkeit zu leben und zu fühlen. Als Anrufung wählen Sie Ihren Engel, Ihr Bild von Gott oder einfach die Liebe allgemein. Bereiten Sie sich gründlich vor. Sie bitten bei diesem Ritual darum, sich großzügig zu erweisen und an der Liebe teilhaben zu dürfen. Bedanken Sie sich, wenn Ihr Vorhaben gelungen ist.

3. Ritual zur Begrüßung der Nacht

Die Zeit der Nacht ist eine andere Zeit als die des Tages. In der Nacht sind Sie mit sich selbst zufrieden und in Träumen offenbart sich Ihre Seele. Sie sind sich näher als am Tag, denn Sie werden nicht von sich abgelenkt. Begrüßen Sie die Nacht. Zünden Sie ein Teelicht an und schalten Sie das Licht aus. Atmen Sie den Tag aus und machen Sie sich frei für die Nacht. Atmen Sie ein und zählen Sie dabei in Gedanken bis drei. Dann atmen Sie aus, doch dabei zählen Sie gedanklich bis fünf. Lassen Sie den Ballast des Tages los, um die nächtliche Zeit gebührend zu empfangen. Rufen Sie die Kraft an, zu der Sie auch beten. Und bedanken Sie sich für das Gelingen des Rituals, indem Sie dafür sorgen, dass Ihre Nächte regelmäßig zur gleichen Zeit beginnen und regelmäßig zur gleichen Zeit enden. So zeigen Sie die größte Dankbarkeit dem natürlichen Rhythmus gegenüber.

4. Ritual zum Dank an sich selbst

Wir haben allen Grund, unserem Körper dankbar zu sein. Er trägt unsere Seele und unseren Geist durch das Leben und hält uns auf der Erde. Besonders unsere Hände, mit denen wir wirken und handeln können, und unsere Füße, die uns unseren Weg gehen lassen, leisten gute und wichtige Arbeit. Gönnen Sie Ihnen abends eine kleine rituelle Zeit. Besorgen Sie sich Distelöl aus Ihrer Speisekammer und ein gutes, ätherisches Öl aus der Drogerie oder der Apotheke. Lavendel oder Rosmarin sind besonders angenehm im Geruch. Sie können aber auch verschiedene Düfte ausprobieren, bevor Sie Ihren Lieblingsduft finden. Vom ätherischen Öl geben Sie 20 Tropfen auf 100 ml Distelöl und schütteln die Mischung. Jeden Abend können Sie das Duftöl (drei Tropfen) in der Duftlampe verdunsten lassen und gleichzeitig Ihre Hände und Füße einölen. Bedanken Sie sich bei Ihren Händen und bei Ihren Füßen für die Arbeit, die sie leisten.

Jetzt haben Sie schon ein wenig Übung im Umgang mit Ritualen und können die folgenden Vorschläge selbst füllen und ausgestalten.

5. Ritual zur Reinigung der Gedanken

Der normale Alltag bringt immer wieder belastende Gedanken mit sich. Das ist normal und lässt sich auch nicht ändern. Doch diese Gedanken stören Ihre Sinne. Sie können sich weniger auf Ihr Erleben und Ihre Gefühle konzentrieren, wenn Sie im Kopf belastet sind. Nehmen Sie sich regelmäßig, vielleicht immer zu Vollmond, Zeit für eine Räucherung und ein Reinigungsritual. Besorgen Sie sich getrocknetes Basilikum und Kampfer (Basilikum können Sie selbst trocknen, Kampfer erhalten Sie in der Apotheke). Statt Kampfer können Sie auch Salbei mit Basilikum mischen. Sie brauchen Räucherkohle und ein feuerfestes Gefäß. Zünden Sie eine Kerze an und geben Sie etwas Kraut auf die Kohle. Betrachten Sie den Rauch. Stellen Sie sich vor, Ihre belastenden Gedanken gehen mit ihm ins Nichts. Geben Sie alle Gedanken an Störungen ab, die Sie nicht ändern können.

6. Ritual zur Förderung von Bindungen

Früher war es üblich, sich Briefe zu schreiben. Man schrieb Briefe mit echter Tinte auf echtem Papier. Das bedeutete, man konnte sowohl das Schreiben als auch die Erwartung und das Lesen der Antwort eines Briefes auskosten. Man fühlte Spannung, Vorfreude, Unsicherheit und vieles mehr. Elektronische Post oder sms geben das nicht mehr her. Immer und überall sind sie möglich: Vorfreude ist überflüssig und was man geschrieben hat, gilt noch lange nicht. Man kann ja schnell hinterherschicken, dass man eigentlich was anderes sagen wollte. Ritualisieren Sie das Schreiben von Briefen. Beginnen Sie entweder eine Brieffreundschaft oder schreiben Sie einem schon vorhandenen realen Freund. Er muss ja nicht antworten. Sie können auch einer imaginären Person schreiben, sogar Ihrem Zeitbild. Sie werden sehen, wie gut es Ihnen tut, sich über Ihre Gedanken klar zu werden. Und vergessen Sie nicht, alle Sinne zu füttern, während Sie schreiben.

7. Ritual zur Pflege Ihres Nestes

Die meisten Menschen haben es gern gemütlich und schön in Ihrer Wohnung. Leider verbinden wir damit leidige Hausarbeiten, die wir gern vor uns herschieben oder gar ganz ignorieren. Das ist schade, denn Nestpflege ist ein natürlicher Trieb, der befriedigt sein will. Suchen Sie sich einen Tag pro Monat aus, an dem Sie sich zwei oder drei Stunden lang um die Nestpflege kümmern dürfen. In dieser Zeit erledigen Sie keine alltäglichen Aufgaben. Sie verschönern Ihr Heim. Geben Sie sich ein bisschen mehr Geborgenheit, ganz gleich, ob Sie eine gute Hausfrau oder ein guter Hausmann sind oder nicht. Zeigen Sie sich in Form eines Rituals, dass Sie es wert sind, sich wohlzufühlen.

Zusammenfassung

Der Inhalt für Ihre Zeit wird von Ihnen selbst bestimmt.
Sie verfügen in jeder Minute des Tages und der Nacht über Lebenszeit.
Feiern gehört zum Leben. Feste sind der Rastplatz auf dem Lebensweg.
Rituale sind gefüllte Lebenszeit und Nahrung für die Seele.

b. Selbstbestimmte Zeitplanung

Manche Menschen meinen, ihre Zeit werde von anderen geplant. Viele fühlen sich wie ein Hamster im Laufrad. Das Laufrad gehört dem Arbeitgeber, dem Partner oder den eigenen Kindern. So leben sie zwischen Wut und Verzweiflung und haben das Gefühl, dass sie nicht selbst über ihre Zeit bestimmen. Doch schon in diesem ersten Ansatz liegt ein Irrtum. Es ist nur natürlich, dass Menschen uns ihre Aufgaben übertragen wollen. Schließlich wollen sie ihre eigene Zeit lieber für Dinge nutzen, die ihnen Glücksgefühle ermöglichen. Meine Kinder wollen mich gern ihre Wäsche falten lassen, denn dann haben sie mehr Zeit für ihre Treffen mit Freunden. Sie machen regelmäßig den Versuch, meine Zeit für ihre Zwecke zu nutzen. Warum auch nicht? Der Versuch ist nicht strafbar. Erst, wenn ich einwillige, sind sie an ihrem Ziel angekommen. Aber ich muss ja nicht einwilligen. Es gibt kein Gesetz, das mich dazu zwingt, in meiner Zeit die Aufgaben anderer zu erfüllen. Und trotzdem scheint es immer wieder vorzukommen. Was versprechen sich Menschen davon, ihre Zeit für andere herzugeben? Sie stellen sich damit weit nach hinten, lassen ihre eigenen Bedürfnisse und auch Verpflichtungen außer Acht. Worin liegt der Sinn dieses Verhaltens? Ich bin überzeugt, dass es sich um ein unfaires Geschäft handelt. Wenn eine Mutter beispielsweise 20 Jahre damit verbringt, der Familie alle Arbeiten abzunehmen, dann kann sie später schließlich auch erwarten, dass die anderen Familienmitglieder Zeit für sie haben. Auf den ersten Blick logisch, auf den zweiten Blick aber völliger Blödsinn. Es gibt ja keinen Vertrag, der Handel wurde nicht besprochen und er wird sicherlich nicht aufgehen. Dann kommt die Mutter sich geopfert vor, wird unzufrieden und hat das Gefühl, ihr bisheriges Leben verpasst zu haben. Das hat sie vielleicht auch, aber aus eigenem Antrieb. Mit Zeit zu handeln ist schwierig und kompliziert. Vor allem aber muss der Preis genau benannt werden. Zeit können wir eintauschen, gegen Geld zum Beispiel. Aber wir können nicht voraussetzen, dass jemand uns mit seiner Zeit entschädigt, wenn wir unsere Erwartungen nicht offen formulieren. Schließlich will jeder möglichst viel Zeit zu seiner eigenen Verfügung haben. Mit dem Geld ist das viel einleuchtender, und in mancher Hinsicht funktioniert die Zeitwirtschaft ähnlich wie die Geldwirtschaft. Wenn wir jeden Monat unserer Nachbarin einen Blumenstrauß vor die Haustür legen, ist das nett, vielleicht freut sie sich sogar. Doch aus diesem freiwilligen Geschenk können wir keinerlei Ansprüche ableiten. Schließlich haben wir keinen Handel angeboten; die Nachbarin wird sich also taub stellen, wenn wir nach zehn Jahren Forderungen stellen. Maximal können wir unsere Geschenke einstellen, mehr liegt nicht in unserer Macht.

Ehrlichkeit ist wichtig

Selbstbestimmt sein ist ein Bedürfnis nahezu aller Menschen. Eine sehr wichtige Voraussetzung muss dafür erfüllt werden.

Selbstbestimmte Zeitplanung, welch großer Begriff! Das hört sich schon fast nach Macht an. Und so weit weg ist die selbstbestimmte Zeitplanung auch gar nicht von der Macht über das eigene Leben. Um die Zeit selbstbestimmt planen zu können, reicht es nicht, seinen eigenen Willen zu haben. Es reicht nicht, nur das zu tun, was Spaß macht. Denn dadurch können wichtige Aufgaben zu kurz kommen. Nacharbeiten kostet aber wieder zusätzliche Zeit, die uns später fehlt. Selbstbestimmte Zeitplanung ist zuerst intelligente Zeitplanung. Und „intellegere", wieder ein lateinisches Wort, bedeutet „einsehen". Es beinhaltet auch den Wortteil „lex", das Gesetz. Selbstbestimmte Zeitplanung ist also nicht mit einem Dickkopf zu gestalten, sondern nur mit Kenntnis der Regeln. Um welche Regeln geht es in der Zeitplanung? Da Zeit in den Fachbereich der Physik fällt, suchen wir die Regeln doch dort. Mir fallen die Grundregeln der Physik ein: das Gesetz der Resonanz, das Gesetz des Ausgleichs und das der Polarität. Diese Gesetze werden in der Esoterik als universelle Gesetze bezeichnet, gehören aber klar in den Bereich der Naturwissenschaften. Insgesamt gibt es acht dieser universellen Gesetze; sie alle sind mehr oder weniger wichtig für ein selbstbestimmtes Leben und vor allem für die Zeitplanung.

Selbstbestimmtheit setzt Reife voraus

Wer seine Zeit selbstbestimmt planen will, muss unabhängig sein. Er darf sich nicht in Abhängigkeiten befinden, die ihren zeitlichen Tribut fordern. Darauf bin ich bereits einmal eingegangen. Selbstbestimmte Menschen haben eine gute Ich-Behauptung. Sie können über sich sprechen und Ich-Botschaften aussenden. Dieses Umgehen mit sich selbst setzt allerdings eine gewisse Reife voraus. Wer das Kind im Manne spazieren führt oder sich als kleines Mädchen definiert, hat diese Reife nicht. Zeit geht vorüber und entsteht wieder neu. Es erfordert Reife, damit umzugehen. Reife hat nichts mit Wissen zu tun, sondern mit Gefühl. Ein reifer Mensch erlaubt sich Gefühle. Er weiß, dass Trauer notwendig ist. Diese Trauer wird gewöhnlich von Wut abgelöst, bevor man einen Verlust, zum Beispiel von Zeit, akzeptieren kann. Erst danach ist unsere Seele frei, sich neu zu orientieren. Unreife Menschen verdrängen diese Gefühle, weil sie entweder Trauer oder Wut nicht zulassen wollen. Doch eine reife Seele lebt stets in dem Rhythmus „Trauer – Wut – Akzeptanz – Neuorientierung". In der folgenden Übung können Sie solche Ich-Botschaften erlernen. Diese Übung können Sie täglich machen, denn die Sätze werden jeden Tag anders lauten.

Es gibt übrigens ein überliefertes Teerezept, das helfen soll, Gefühle wahrzunehmen, die für das selbstbestimmte Leben notwendig sind. Zu gleichen Teilen werden Brennnessel, Schafgarbe und Löwenzahn gemischt. Jeden Tag werden zwei Tassen mit jeweils einem Teelöffel der Mischung getrunken. Der Tee sollte etwa 8 Minuten ziehen. Eine Kur dauert sechs Wochen. Und grundsätzlich kann die Farbe Gelb Ihnen helfen, wenn Sie Probleme mit der Selbstbestimmung haben. Stellen Sie sich vor, in Ihnen strahlt etwa in der Nabelregion eine warme Sonne. Dieses Bild können Sie in sich wachrufen, wenn Sie merken, dass jemand Sie überrumpeln will. Es wird Ihnen leichter fallen, Ihre eigene Meinung zu äußern.

Übung

Vervollständigen Sie die folgenden Sätze:

Ich will …
Ich bin …
Ich fühle …
Es macht mich wütend, dass …
Ich liebe …
Meinem Leben fehlt …
Mein nächstes Geschenk an mich selbst ist …
Jetzt werde ich …

Wenn alle Sätze fertig sind, fühlen Sie für jeden einzelnen Satz, was er in Ihnen auslöst.

Die universellen Gesetze in der Zeitplanung

Wie oben erwähnt gibt es acht universelle Gesetze. Für den Umgang mit Zeit spielen sie eine große Rolle.

Das Gesetz der Entsprechung

Dieses Gesetz weist darauf hin, dass es immer im Kleinen so ist wie im Großen. Wie Demokratie in Familien gelebt wird, bestimmt darüber, wie die Demokratie im Staat aussieht. Für den Umgang mit Zeit bedeutet es, dass jemand, der eine Minute nicht schätzt, auch eine Stunde nicht schätzen kann. Zeit zu schätzen beginnt im Augenblick. JETZT ist die Zeit, die Ihnen etwas bedeuten soll. Außerdem spricht das Gesetz noch von der Gesetzmäßigkeit: „Wie oben so unten und wie innen so außen." Wenn

Sie innerlich unruhig und gehetzt sind, wird auch Ihre Umgebung unruhig. Deshalb beginnt Umgang mit Zeit innen.

Das Gesetz der Evolution

Alles entwickelt sich. Dieses Gesetz ist wahrscheinlich das bekannteste von allen. Die Veränderung läuft nach dem Prinzip Handlung – Erfahrung – Kritik – Erkenntnis – Bewusstsein – Leben.

So läuft auch Ihre Arbeit mit der Zeit. Die Entwicklung Ihres eigenen Zeitgefühls wird nicht gerade und glatt vonstattengehen. Sie handeln, dann erleben Sie, wie sich die Handlung anfühlt, korrigieren gegebenenfalls aufgrund neuer Erkenntnisse. Wenn der richtige Weg in Ihr Bewusstsein gedrungen ist, können Sie sich darüber freuen, ein positives Lebensgefühl gewonnen zu haben. Scheitern gehört also auch dazu. Die menschliche Seele entwickelt sich nicht auf einer Autobahn, sondern auf einem Trampelpfad durch das Dickicht. Und auf diesem Trampelpfad bringen uns Schlingpflanzen immer wieder zum Stolpern.

Das Gesetz der Energie

Aus diesem Gesetz leitet sich ab, dass alles mit allem verbunden ist, weil alles nur eine jeweils bestimmte Form von Energie ist. Ein Gedanke an ein Bett ist eine andere Form als ein Bett aus Holz. Aber beides ist ein Bett. Das bedeutet für den Umgang mit Zeit, dass Wertungen von guter und schlechter Zeit nicht möglich sind. Zeit ist Zeit. Ein tiefes Gefühl von Traurigkeit ist ein Gefühl. Eine tiefe Freude ist ein Gefühl. Und gefühlte Zeit ist Leben. Dieses Gesetz warnt uns davor, allem aus dem Weg zu gehen, was wir negativ werten. Ein solches Verhalten würde Zeitschulden entstehen lassen.

Das Gesetz der Polarität

Dieses Gesetz hängt eng mit dem Gesetz der Energie zusammen. Wir können uns nur freuen, weil wir das Gegenteil von Freude kennen. Wir können nur Ruhe empfinden, weil wir auch Unruhe kennen. Auch das Gesetz der Energie fordert uns auf, nicht zu werten, sondern uns einzufühlen in das, was ist. Wir dürfen das Vertrauen haben, dass es sich auch wieder ändern wird.

Das Gesetz der Rhythmik

Dieses Gesetz ist das Wichtigste für die Zeit, denn Zeit ist Rhythmik. Es sagt nichts anderes aus, dass es immer einen Takt gibt, in dem das Leben schwingt. Entweder schwingt es harmonisch oder disharmonisch. Es liegt in Ihrer Hand.

Das Gesetz des energetischen Ausgleichs

Das Gesetz des energetischen Ausgleichs steht in einem engen Zusammenhang mit meiner Warnung davor, Zeitschulden zu machen. Wer die Balance zwischen Arbeit und Ruhe nicht findet, verliert die Macht über sein Leben. Denn wer keine Ruhephasen einplant, wird krank und liegt flach. Wer keine aktiven Phasen einplant, ist unterfordert, wird krank und innerlich unruhig.

Das Gesetz der Resonanz

Gleiches zieht Gleiches an, so könnte man dieses Gesetz beschreiben. Ihnen zeigt es, dass Menschen, die eine Tiefe im eigenen Zeiterleben gefunden haben, ähnliche Menschen treffen werden. Wer aber seine Zeit nicht positiv erlebt und selbst gestaltet, wird Menschen mit ähnlichen Problemen in seinem Umfeld haben.

Das Gesetz des Impulses

Impulse sind Ergebnisse aus Ihrem Erleben. Sie dienen wie eine Entspannung, wenn ihnen nachgegeben wird. Ein Mensch hat immer Impulse, die er setzen möchte. Wer diese Impulse unterdrückt, fühlt sich selbst gedrückt, verliert an Motivation und entwickelt im schlimmsten Fall Depressionen. Für Ihre Zeitplanung bedeutet das, ungeplante Zeit mit einzurechnen, damit Ihre Impulse sich entfalten können. Nur so können Sie dem Impulsstau vorbeugen, der beim Lauf im Hamsterrad entsteht.

Zeit mit der eigenen inneren Uhr abgleichen

Forscher haben entdeckt, dass unser Zeitgefühl von Eiweißverbindungen in unseren Zellen abhängt. Wir sind also von der Natur vor fehlendem oder schädigendem Zeitgefühl geschützt. Wie bei anderen Lebewesen auch bewegt sich unser Leben in einem natürlichen Rhythmus. Jeder, der mit Nachtschicht oder Schichtwechsel zu tun hat, weiß wie schwer es ist, den Tag- und Nachtrhythmus gegen die Natur zu leben. Wie verbringen andere Lebewesen ihre Zeit? Zuerst einmal sinnvoll. Gerade von Tieren ist uns bekannt, dass sie ihre Sinne stets auf Wahrnehmung geschaltet haben. Der Hund, der etwas nicht merkt, muss erst noch geboren werden. Oft nehmen Tiere schon wahr, bevor wir überhaupt erst damit angefangen haben. Kleine Veränderungen im Raum sind ihnen bewusst; sie verfügen über ein äußerst sensibles Gespür. Tiere sind immer dabei, sie sind mitten im Leben und wach. Außerdem verbringen sie meist die Zeit mit immer wiederkehrenden Inhalten. Auch der Mensch hat solche Inhalte. Essen, Schlafen, Arbeiten und Ruhen sind Handlungen, die sich stets wiederholen. Wir verbringen unsere Zeit damit, unsere Grundbedürfnisse zu befriedigen, genauso wie jedes andere Tier auch. Uns Menschen wird aber eingeredet, wir müssten immer Neues, ständige Premieren erleben. Das hat große Vorteile für alle, die uns diese Premieren verkaufen wollen. Und es hat erhebliche Nachteile für uns. Unsere Grundbedürfnisse nach Nahrung, Schutz, Geborgenheit und Kommunikation/Kontakt werden dadurch in der Regel vernachlässigt. Wir ernähren uns nicht mit unseren Sinnen, wir nehmen Nahrung auf. „Nase zu und rein" ist die Devise, wenn es um Fast Food geht. Wir haben keine Zeit zum Wohnen, wir hausen. „Augen zu und durch" lautet hier wohl die Losung, wenn ich mir so manche Versandhauseinrichtung anschaue. Und wir kommunizieren nicht, wir haben entweder Stöpsel in den Ohren oder wir chatten, wenn wir nicht fernsehen. Da kann man sich nur noch die Ohren zuhalten. Dabei sind wir gar nicht zu dumm zum Leben; wir wissen genau, was wir brauchen und was gut für uns ist. Unsere innere Uhr läuft nämlich sehr präzise. Sie weiß, dass eine Mahlzeit etwa dreißig Minuten dauern sollte und dass wir uns nur dann in unserem Nest geborgen fühlen, wenn wir Zeit in seine Pflege investieren. Wir möchten im Winter ruhen und im Sommer aktiv sein. Der Frühling lässt uns Wagnisse eingehen, der Herbst wird von Menschen als eine Zeit der Ernte empfunden. Sie hätten dieses Buch nicht gekauft, wenn Sie mit Ihrer Zeit vollkommen im Reinen wären. Ich darf also annehmen, dass Sie Ihre Zeit besser nutzen möchten oder sogar unter Zeitnot leiden. Dann machen Sie jetzt zuerst die folgende Übung.

Übung

Schreiben Sie alles auf, wofür Sie sich Zeit wünschen und keine erübrigen können. Wenn Ihre Liste fertig ist, setzen Sie hinter jeden Wunsch die passende Jahreszeit.

Merksatz

Unsere innere Uhr ist genetisch vorgegeben und lässt sich nicht verändern.

Entstressen durch Akzeptanz

Wenn wir nicht akzeptieren, dass es für alles eine rechte Zeit gibt, fühlen wir uns wie unter einer Lawine von Wünschen und Pflichten begraben. Dann drücken all die Inhalte unserer Zukunft mit vereinten Kräften auf unsere Schultern, wir sind belastet. Nehmen wir an, Sie wollen eine Pilgerreise unternehmen und warten schon seit drei Jahren auf eine Möglichkeit. Eine Pilgerreise ist eine Aktion für den Frühling, wenn alles Neue seine Kräfte entfalten kann. Lassen Sie sich doch nicht das ganze Jahr über davon bedrücken, dass Sie bisher keine Zeit hatten. Entweder es klappt im nächsten Frühling oder nicht. Ist der Frühling vorbei, streichen Sie den Wunsch aus Ihrem Bewusstsein, er ist jetzt nicht an der Reihe. Bleiben Sie in der Zeitspur und nehmen Sie den kommenden Sommer wahr. Der Frühling hat Ihre Erwartungen nicht erfüllt, lassen Sie den Sommer nicht genauso enden. Und wenn einmal die gesamte warme Zeit nicht das brachte, was Sie wollten, dann ruhen Sie wenigstens im Winter. So haben Sie zumindest ein Viertel Ihrer inneren Uhr im rechten Takt gehalten. Das Chaos, das wir uns zeitlich zumuten, gleicht einem ständigen Krieg gegen unsere Natur. Das Ergebnis ist nicht selten eine Erschöpfung oder ein Burnout, obwohl wir gar nichts getan haben. Wir sind erschöpft von der ewigen Suche nach dem Leben und dem Glück. Dabei liegen beide gar nicht auf der Straße und auch nicht vor unserer Nase, sondern in uns selbst verborgen. Wir bräuchten nur in uns selbst hineinhören, um viele Antworten auf unsere Fragen zur Zeit zu finden.

Wir sollten mit unserer Akzeptanz aber noch weitergehen. Alle sprechen von der modernen Zeitnot; jeder scheint sie ändern zu wollen. Das ist unmöglich. Nach wie vor kann sich ein Mensch nicht auf mehrere Dinge gleichzeitig konzentrieren. Multitasking ist nichts anderes als ein schnelles Springen von einem Feld ins andere. Es erschöpft und am Ende hat es auch noch Zeit gekostet. Durch die vielen Angebote, die wir nutzen, haben wir das Gefühl, wir könnten viel verpassen. Ja, es ist so. Wenn wir unsere Mails im Postfach anschauen, können wir oft gar nicht alle lesen. Wir können nicht immer ans Handy gehen, wenn es piept, und wir können nicht jede Twittermeldung oder jeden Facebookeintrag von Freunden lesen. Leben wir damit. Das ist der einzige richtige Umgang mit Reizüberschuss. Vor Facebook haben wir auch nicht alles gewusst, was unsere Freunde in jeder Minute ihres Lebens trieben. Vor der Erfindung der E-Mails haben wir auch nicht 100 Briefe pro Tag gelesen und beantwortet. Begreifen Sie die modernen Medien als Angebote, die Ihnen dienen sollen. Sie müssen sich nicht versklaven. Sie werden viel verpassen. Das war schon immer so. Doch früher wussten es die Menschen nicht, weil der Horizont kleiner war. Erst seit der Entdeckung Amerikas kann ein Mensch wissen, dass er Amerika nicht kennt. Er kannte es aber vorher auch nicht und es hat ihn nicht berührt. Erst seit Facebook weiß jeder Mensch, dass manche Menschen ihren Stuhlgang und ihre Mahlzeiten mit aller Welt teilen wollen. Vorher gab es diese Möglichkeit nicht und kaum jemand hat täglich seine Freunde gefragt, was sie zu Mittag gegessen haben. Gehen Sie locker an dieses Reizangebot heran. Bleiben Sie fokussiert auf das, was Sie wirklich brauchen.

Weniger ist mehr

Richten Sie unbedingt feste Informationszeiten ein. Der Computer, der immer online ist, gefällt den Zeiträubern, doch Ihnen schadet er. Richten Sie ihr Mailpostfach mit einem Autoresponder ein. „Danke für Ihre Nachricht, ich werde mich innerhalb von sieben Tagen zurückmelden." Sie werden sehen, wie wenig Antworten Sie nach sieben Tagen noch schreiben müssen. Die wichtigen Angelegenheiten haben immer eine Woche Zeit, Notfälle klärt man per Telefon. Die Zeiträuber, die Sie für ihre Langeweile missbrauchen wollen, werden sich bald gar nicht mehr melden. Ich selbst habe meinen Text um meine Telefonnummer für Notfälle erweitert. Obwohl ich etwa 100 Mails pro Tag bekomme, ruft maximal einmal pro Monat jemand an, weil er nicht sieben Tage warten will. Lassen Sie also die elektronischen Nachrichtensysteme nicht Ihre Zeit füllen. Sie entscheiden, wann Internetzeit ist. Legen Sie diese Zeit fest und lassen Sie keine Ausnahme zu. So bleiben Ihnen viele Ablenkungen erspart und viele tiefe Wahrnehmungen sind möglich.

Und Sie können sogar noch weitergehen. Nutzen Sie die Internetflatrate nicht in Ihren privaten Räumen. Ein Haus, eine Wohnung ist ein Nest, das vor Eindringlingen geschützt sein sollte. Ich kenne Menschen, in deren Wohnzimmer es ständig piept: „Neue Nachricht von ..." Wie schrecklich. Diese Menschen haben kein ungestörtes Essen, kein ungestörtes Familienleben, nicht mal ungestörte Intimitäten. Es reicht ebenso, regelmäßig ein Internetcafé aufzusuchen, dort ein gutes Frühstück zu genießen, nette Leute zu treffen und nebenbei die Bedürfnisse des www zu erfüllen. Akzeptieren Sie, dass Sie immer eine Sache erleben und dafür alle anderen nicht erleben können. So ist es eben. Je schneller Sie sich damit anfreunden, umso eher hören Sie auf, gegen Windmühlenflügel zu kämpfen. Suchen Sie sich genau aus, was Sie von der modernen Medienwelt brauchen und nutzen wollen.

Ich lasse mich am Wochenende grundsätzlich nicht anrufen. Warum auch? 48 Stunden lang kann ich mich gut mit mir allein beschäftigen und zudem habe ich Familie. Da reicht das Wochenende kaum, um in engem Kontakt mit den Menschen zu bleiben, die ich am meisten von allen liebe. Setzen Sie klare Grenzen. In einem Supermarkt gibt es etwa 20 Schachteln Pralinen im Regal. Ihnen werden 150 Tafeln Schokolade angeboten. Kaufen und essen Sie alle?

Übung

Nehmen Sie Ihr Zeitbild zur Hand und stellen Sie sich Ihr Zeitbild mit den unterschiedlichen Medien vor. Wie geht es ihm gut, wie fühlt es sich weniger wohl? Was würde Ihr Zeitbild sagen, wenn Sie einen Tag lang nur chatten, nur fernsehen oder nur im Internet surfen würden? Wie viel Medien verträgt es? Versuchen Sie, diese Frage in einem imaginären Gespräch zu beantworten.

Merksatz

Kein Mensch muss jedes Angebot annehmen.

Wissen Sie, was Sie tun?

Betrachten Sie Ihr Leben einmal als einen Film. Sie sind der Drehbuchautor. Ihr Film soll gut werden. Sie brauchen einen Spannungsbogen und einen zusammenhängenden Handlungsstrang. Wenn in einem Film der Hauptdarsteller ständig irgendetwas unternimmt, aber niemand erkennen kann, was ihn dazu treibt, wird der Film chaotisch und langweilig. Die Aufmerksamkeit lässt nach, denn die Taten des Darstellers sind nicht zu verstehen. Manche Menschen führen ihr Leben wie einen schlechten

Film. Sie haben sich hübsch gemacht, strahlen und freuen sich sichtbar auf den kommenden Abend. Plötzlich klingelt es, der verzweifelte Freund steht vor der Tür und sie sagen ihre Verabredung ab. Das ist vollkommen unlogisch. Warum sollte ein Mensch so handeln? So etwas kommt nur vor, weil der Hauptdarsteller sein Ziel aus den Augen verloren hat. Und das macht ihn unglaubwürdig und uninteressant. Gibt es wirklich einen triftigen Grund, wegen des Liebeskummers des Freundes seine eigene Verabredung sofort abzusagen? Nein, es gibt ihn nicht. Liebeskummer hat seine Zeit, die kann auch ein Freund nicht verkürzen. Und die Zuwendung, die Sie dem Freund schulden, können Sie auch geben, indem Sie entweder die Verabredung um 30 Minuten verschieben oder etwas verkürzen, um danach noch Zeit für ihn zu haben. Die Ehefrau von Thomas Mann hat einmal gesagt: „Ich habe nie tun können, was ich hätte tun wollen.“ Wie traurig ist dieses Ergebnis eines arbeitsreichen Lebens. Wie geht es Ihnen? Tun Sie, was Sie tun wollen? Wissen Sie, was Sie tun wollen? Fragen Sie sich, was die Natur als Tätigkeit vorgibt. Das ist der richtige Weg, um herauszufinden, was Sie wirklich tun wollen. Trauen Sie sich, die Umgebung aus Pflanzen und Tieren zu beobachten. Wünschen Sie sich nicht auch hin und wieder, sich zu recken und zu strecken wie ein Baum, der mit seinen Blättern die Sonne einfangen will? Dann tun Sie es. Haben Sie manchmal, wenn es dunkel wird, nur noch das Bedürfnis, in eine Höhle oder Ihr Nest zu schlüpfen und zu ruhen? Dann nehmen Sie im Winter nicht zu viele Abendtermine wahr. Sie verpassen nichts, wenn Sie Ihrer Natur nachgehen. Ganz im Gegenteil. Sie gewinnen das Gefühl, über selbstbestimmte Lebenszeit zu verfügen und sich selbst erleben zu können. Es gibt eine wunderbare Meditation, in der Sie sich vorstellen können, ein Baum zu sein. Testen Sie sie.

Baummeditation

Der Baum ist ein schönes Bild für gelungene Zeitplanung. Setzen Sie sich bequem auf einen Stuhl. Das Zimmer sollte gut gelüftet sein. Niemand sollte Sie stören. Atmen Sie ruhig und achten Sie dabei auf Ihren Takt. Atmen Sie so lange, bis Ihr Takt sich gut und ruhig anfühlt. Dann stellen Sie sich vor, Sie stünden auf einer Lichtung im Wald. Hören Sie die Vögel, betrachten Sie die Bäume, die Waldtiere, andere Pflanzen. Wenn Ihr Bild stabil ist, nehmen Sie wahr, wie sich aus Ihren Fußsohlen Wurzeln in den Waldboden graben. Dann bildet sich eine Rinde um Ihren Körper, ganz langsam von den Knöcheln aufwärts. Schließlich werden Ihre Arme zu Ästen, die sich der Sonne entgegenstrecken.

Wie verbringt ein Baum seine Zeit? Was entgeht dem Baum? Er konsumiert nicht, doch er hat Gesellschaft, kann wachsen und hat sogar noch eine sinnvolle Aufgabe auf diesem Planeten. Ein schönes Leben, vor allem, weil ein Baum sicher keinen Zeitdruck kennt. Der Baum hat keine Zeit gespart, hat nicht gearbeitet und sich nicht wichtig gemacht. Aber er hat genau die Zeit, die er braucht. Wenn man manchen Baum betrachtet, scheint es ihm dabei prächtig zu gehen, zumindest solange der Mensch es ihm gönnt.

Übung

Stellen Sie sich vor, Sie seien ein sehr glücklicher und zufriedener Mensch. Wie sieht ein Wochenende dieses Menschen aus? Wie verbringt er seine Feierabende? Und wie beginnt er morgens seinen Tag? Wo liegen die Unterschiede zwischen Ihrem Bild und Ihrer Realität? Können Sie die Unterschiede begründen und vielleicht sogar teilweise ausräumen?

Zusammenfassung

Selbstbestimmte Zeitplanung setzt Unabhängigkeit voraus.
Selbstbestimmte Zeitplanung kann nur im Einklang mit der inneren Uhr harmonisch gelingen.
Selbstbestimmte Zeitplanung bedeutet, auch allein sein zu können.
Selbstbestimmte Zeitplanung bedeutet, Angebote auch ablehnen zu dürfen.

c. Auch Zeit will entrümpelt werden

Eine große Gefahr liegt in der Ansammlung von Ballast. Von seiner Wohnung weiß das jeder Mensch. Wer hat schon gern einen zugemüllten Speicher und einen vollgestellten Keller? Hat sich zu viel schwere Materie angehäuft, fällt das Aufräumen doppelt schwer und man droht unter der Last der Materie nicht mehr atmen zu können. Mit der Zeit verhält es sich ebenso, doch ist uns das viel weniger bewusst. Es gibt auch zeitlichen Sperrmüll. Es gibt viele Handlungen und Gewohnheiten, die Zeit kosten und damit Zeit binden und die eigenen Bedürfnisse blockieren. Doch sind diese Handlungen auch wirklich notwendig? Sicher ist der alte Spiegel vom Urgroßvater schön. Das erste Kinderbett vom Sprössling und die nostalgische Campingausrüstung aus den ersten Ehejahren sind auch noch im Keller. Hin und wieder erinnern wir uns daran, wie es damals war. Der Spiegel ist zwar blind, aber Urgroßvater war so ein herzlicher Mensch. Der Sprössling ist inzwischen Vater und hat seinem eigenen Kind ein hochmodernes Kinderbett gekauft. Und die Campingausrüstung würde tatsächlich noch funktionieren, wenn jemand Freude daran hätte, sein High-Tech-Wohnmobil gegen das Pfadfinderfeeling zu tauschen. Wo nur soll die Sauna eingebaut werden? Ach, wäre der Keller doch nicht so vollgestellt! Da hilft nur, sich von den alten Sachen zu trennen und den Platz so zu nutzen, dass es unseren aktuellen Bedürfnissen entspricht. Ähnlich geht es uns oft mit der Zeit. Der Abend vor einer Geburtstagsfeier, an dem wir uns immer stundenlang mit der selbstgebackenen Torte abmühen, ist gar keine Sensation mehr. Früher stand die ganze Familie zusammen und jeder half, heute steht einer allein am Backofen und die anderen sind längst nicht mehr interessiert an Marzipanrosen und Schokogirlanden. Und warum wird an jedem ersten Advent immer noch dosenweise Konfekt hergestellt, wo doch inzwischen alle Weihnachtsgäste regelmäßig auf Diät sind und sich an den Dickmachern nicht mehr laben wollen? Sind wir wirklich auf der Höhe der Zeit, wenn es darum geht, unsere Zeit zu verwenden? Die moderne Zeit bietet viele Möglichkeiten, Zeit zu sparen. Wirtschaft, Handel und Familienleben haben sich genauso verändert wie die Arbeitswelt und das Freizeitverhalten. Wir sind aufgefordert, diese Veränderungen zu erkennen und unseren Umgang mit der Zeit entsprechend neu zu überdenken. Um dieses Herausforderung zu bestehen, brauchen wir zuerst Überblick. Wer kann schon seinen Keller entrümpeln, wenn er nicht weiß, was alles im Keller steht? Wer kann seine Zeit von Ballast befreien, wenn er nicht wahrnimmt, wodurch die Zeit blockiert ist? Hier hilft nur, seine Zeit zu beobachten und aufzuschreiben, was überhaupt so alles in die vielen Stunden und Minuten eines Monats und eines Jahres hineingepackt wurde. Speziell Urlaubszeiten, Wochenenden und Feiertage sollten genau unter die Lupe genommen werden.

Zeitqualitäten erkennen

Sie kennen vielleicht den Trick mit den drei Kisten, wenn es um das Entrümpeln des eigenen Zuhauses geht? Eine Kiste ist für den Müll, eine Kiste für das, was aufgeräumt werden muss und über den Inhalt der dritten Kiste wird später entschieden. Denselben Trick können Sie auch für Zeit anwenden. Nehmen Sie drei Blätter Papier und einen Stift zur Hand. Dann schreiben Sie auf das erste Blatt die Überschrift: „Ich muss meine Zeit damit verbringen", auf das zweite Blatt schreiben Sie: „Ich will meine Zeit damit verbringen" und auf das dritte Blatt: „Ich weiß nicht, warum ich meine Zeit damit verbringe". Auf diese drei Blätter verteilen Sie nun alles, womit Sie so Ihre Zeit verbringen. Fast jeder Mensch sagt, er müsse Lebensmittel einkaufen. Dafür muss er in sein Auto steigen, einen Weg zurücklegen, durch Regale gehen, an der Kasse warten, alles ins Auto laden, zu Hause ausladen und verstauen. Aber das ist ein gewaltiger Irrtum. Jeder Mensch kann sich heute seine Lebensmittel über das Internet liefern lassen. Das ist eine große Zeitersparnis. Die Ware muss dann nur bestellt und eingeräumt werden. Zwänge, die keine Zwänge sind, sollten wir nicht nutzen, um unsere Zeitnot zu erklären. Kein Mensch muss bügeln, aber ich weiß, manche machen es gern und geben es nicht zu. Es ist ja auch schön, die Textilien zu fühlen und den Duft frischer Wäsche zu riechen. Niemand muss kochen. Die Nahrungsmittelindustrie nimmt es uns ab, wenn wir diese Handlung nicht genießen können. Wer Kochen nicht mag, wer sich nicht erleben will im Umgang mit frischen Lebensmitteln, der kann und sollte es lassen. Kommen wir zurück zu Ihren drei Listen. Kann es sein, dass auf dem Blatt „Damit will ich meine Zeit verbringen" viele Dinge stehen, die Sie gar nicht schaffen? Und gibt es auf der Liste „Ich weiß nicht, warum ich damit Zeit verbringe" auch so einiges? Wenn das so ist, dann liegt es an fehlender Konzentration. Bevor Sie handeln, denken Sie doch in Zukunft einfach nach. Will ich das? Muss ich das? Warum sollte ich das tun? Schon durch diese Fragen werden Handlungen wegfallen und die freie Zeit wird sich vermehren.

Leere Zeit vermehrt sich

Ungelebte, leere Zeit (und damit meine ich nicht die Zeit der Muße, Entspannung oder Stille) demotiviert. Wenn Menschen leere Zeit verbringen, stumpfen sie ab. Sie sind geistig unterfordert, weil ihnen die Reize fehlen. Mit der Unterforderung stellt sich ein Gefühl der Müdigkeit ein. Außerdem entsteht durch eine Zeit ohne die Sinne das Gefühl, selbst sinnlos zu sein oder zumindest teilweise sinnlos zu leben. Dabei spielt es keine Rolle, ob ein Mensch scheinbar beschäftigt ist. Es geht einzig darum, ob er seine Sinne nutzen kann. Wenn Sie sich demotiviert haben, ist es sehr anstrengend, neue Motivationen aufzubauen. Stellen Sie sich einen Motor vor, den Sie ausschalten. Es ist nicht leicht, ihn wieder neu zu starten. Unser Motor ist auf Dauerbetrieb eingestellt, das ist am einfachsten für ihn. Menschen im Umfeld zu haben, die ständig auf der Suche sind, strengt Sie an. Wenn andere von Ihnen erwarten, dass Sie ihre Zeit füllen sollen, dann werden Sie zum Manager anderer. Das kostet viel Kraft, zudem besteht die Gefahr, dass Sie selbst nicht mehr genug Zeit für sich selbst haben. Hier ist der Mut angesprochen, den ich oben erwähnte. Trauen Sie sich, das Management Ihrer Mitmenschen zu verweigern. Wenn Sie damit einmal angefangen haben, werden Sie es nur schwer wieder los.

Übung

Motivation kann man lernen. Jeder Mensch kann in der Lage sein, sich selbst zu motivieren. Sicher gibt es Tätigkeiten, die Ihnen zuwider sind. Da kommt die Soap im Fernsehen gerade recht. Oder es gibt noch eine Aufgabe, die Sie viel lieber erledigen würden. Wenn Sie sich motivieren wollen, ungeliebte Pflichten zu erfüllen, weil Sie sich nicht mehr gedrückt fühlen möchten, können Sie sich selbst motivieren. Gehen Sie sofort auf den Schongang mit sich selbst. Teilen Sie die Aufgabe in so viele Teilaufgaben wie möglich. Dann nehmen Sie sich jeden Tag eine weitere Teilaufgabe vor, auch wenn sie nur ein paar Minuten dauert. Nur ein Schritt, nicht mehr, aber auch nicht weniger – das sollte Ihre Devise sein. Beginnen Sie sofort damit, die Dinge zu zerteilen, die Sie wahrscheinlich schon lange als Zeitfresser und Druckaspekt vor sich herschieben. Und fühlen Sie, wie es ist, diese Schritte zu gehen. Wie fühlt es sich an, ein Stück vorwärtsgekommen zu sein?

Wenn Sie gelernt haben, ungelebte Zeit abzuschaffen, dann beachten Sie auch, dass diese Zeit aus Ihrem Umfeld verschwindet. Ein klassisches Beispiel ist der Fernseher. Wenn Sie die ungelebte Fernsehzeit gegen eine gelebte Zeit eintauschen, helfen Sie Ihrer Familie, das auch zu tun. Denn wenn Sie von Ihrem Erlebnis während einer Tätigkeit berichten, werden Sie unzufriedene Zuhörer haben, die Ihnen Ihre gelebte Zeit vielleicht sogar unbewusst neiden. Sie brauchen Kontakte, um das Leben gemeinsam zu fühlen. Wenn Ihre Umgebung nicht mit Ihnen fühlt, vereinsamen Sie. Da kann nur helfen, sich zumindest zeitweise eine neue Umgebung zu suchen. Sonst werden Sie um der oberflächlichen Gemeinschaft willen schon bald wieder darauf verzichten, Ihre Zeit zu füllen. Wenn Sie nichts gemeinsam mit Ihrem Umfeld erleben, werden Sie das Erleben wieder aufgeben, weil Sie fälschlicherweise annehmen, Ihr Wunsch nach gelebter Zeit isoliere Sie. Sie können zwischen zwei Möglichkeiten wählen: Entweder Sie entscheiden direkt, für Ihre Zeit andere Gefährten zu suchen. Das kann allerdings zu Konflikten führen. Vorher sollten Sie daher die Alternative testen. Motivieren Sie Ihr Umfeld, gemeinsame Zeit mit Sinn zu füllen. Wenn Sie nicht auf Gegenliebe stoßen, haben Sie es zumindest versucht und können sich frei für die erste Möglichkeit entscheiden.

Zusammenfassung

Manche Gewohnheiten sind im Lauf der Zeit wertlos geworden.
Leere Zeit zieht leere Zeit an.
Jeder Mensch kann lernen, sich selbst zu motivieren.
Unangenehme Aufgaben sind halb so schlimm, wenn Sie in Einzelschritte unterteilt werden.

2. Der Wert der Zeit

Alle wollen Zeit. Man hat den Eindruck, dass Zeit für alle ein erstrebenswertes Gut ist. Doch gleichzeitig haben manche Menschen nicht einmal einen Rahmen für Ihre Zeit. Das ist wie das Bedürfnis nach Geld, ohne eine Geldbörse zu besitzen. Oder wie der Kauf von Kleidung, immer mehr und mehr, ohne sich Gedanken darüber zu machen, wo denn diese Kleidung wertschätzend aufbewahrt werden kann. „Ich will Zeit, ich will mehr Zeit." Das sind häufig gesprochene Worte. Ich habe viele Menschen gefragt, wo sie denn ihre Zeit lassen, wo ihre Zeit bleibt. „Ich weiß nicht, abends ist sie immer weg", kommt dann als Antwort.

Mich erinnert dieses Verhalten an ein kleines Kind, das ständig neues Spielzeug kaufen will, weil es das alte verbummelt hat. Nicht umsonst sprechen wir vom Verbummeln und Vertrödeln auch bei der Zeit. In meiner Kindheit habe ich etwas gelernt, was ich bis heute nicht vergessen habe. Das, worauf ich nicht achten kann oder will, das brauche ich nicht. Viele wollen nicht auf ihre Zeit achten, Zeitmanagement ist für den einen oder anderen ein Reizwort, mit dem er nichts zu tun haben will. Doch wie hoch ist der Wert der Zeit für Sie? Haben Sie genug? Können Sie Zeit verbummeln oder vertrödeln? Können Sie sich Ihre Zeit vertreiben und sie verschenken? Dann brauchen Sie dieses Buch nicht. Verschenken Sie es einfach weiter. Doch wenn Ihnen Ihre Zeit kostbar ist, dann lesen Sie an dieser Stelle weiter und erfahren Sie, wie Sie mehr Glück und mehr Gefühl aus Ihrer Zeit holen können. Und Sie dürfen sich auch den Gedanken erlauben, aus Ihrer Zeit Werte zu machen. Rechnen Sie ruhig. Lohnt es sich, für drei Euro, die Sie sparen, eine Stunde an der Tankstelle zu warten, die das billigste Benzin verkauft? Das macht einen Stundenlohn von drei Euro. Reicht Ihnen das? Auch das sind Überlegungen zum Wert der Zeit, denn Sie wissen, Sie machen alles aus Zeit, auch Geld. In der Stunde können Sie etwas für sich tun oder sogar mehr als drei Euro verdienen.

a. Wir geizen mit der Zeit für uns selbst

Wann haben Sie sich eigentlich das letzte Mal selbst getroffen? Wann haben Sie sich zum letzten Mal gegönnt, Zeit bewusst zu erleben? In unserer Sprache gibt es den Ausdruck: „Sich Zeit für sich nehmen." Auch hier handelt es sich wieder um eine Falle für unser Gehirn. Wir müssen uns keine Zeit für uns nehmen. Wir haben Zeit und zwar nur für uns selbst. Es ist normal und gesund, seine eigene Zeit als Zeit zu begreifen, die dem eigenen Leben zur Verfügung steht. Anstrengender ist es schon, seine Zeit nicht zur Verfügung zu haben. Erinnern Sie sich an das Gesetz des Impulses: Wie viele Impulse unterdrücken Sie im Laufe eines Tages? Und warum? Wie oft verbieten Sie sich eine Zeitfüllung? Dadurch entstehen Mangel und Unzufriedenheit. Eine Weile kann diese Unzufriedenheit kompensiert werden. Ein neues Kleidungsstück, ein Weinbrand oder eine Fernsehshow können kurzfristig Linderung verschaffen, doch nicht auf Dauer.

Manche Zeitgenossen leben ihre Unzufriedenheit auch an anderen Lebewesen aus. Sie sind grantig und unfreundlich, halten anderen ihr ungelebtes Leben vor. Doch das kann nicht die Lösung sein. Wissen Sie noch, welche Zeitinhalte Ihnen bei Verabredungen besonders gut gefallen haben? Waren es die Kinobesuche, Tanzabende, Strandspaziergänge? Warum finden diese Verabredungen nicht mehr statt? Hat sich Ihr Umfeld verändert? Das sollte kein Grund sein. Treffen Sie die Verabredungen, die Sie früher mit einem anderen genossen haben, einfach mit sich selbst. Am Anfang wird Ihnen mulmig sein, doch glauben Sie mir, Sie werden sich daran gewöhnen und Freude daran finden. Manchmal geschieht es eben, dass sich die Bedürfnisse eines Menschen verändern. Dadurch sollten Sie aber nicht an Lebensqualität verlieren.

Zeit für Impulse ist wichtig

Lernen Sie, dem Gesetz des Impulses zu folgen. Oben habe ich dieses universelle Gesetz bereits beschrieben. Räumen Sie Platz frei für Ihre eigenen Impulse. Dafür sollten Sie mindestens einmal in der Woche eine, besser drei Stunden Zeit reservieren. Das sollte die Zeit sein, in der Sie einfach spontan Ihren Impulsen folgen. Überlegen Sie niemals vorher schon, was Sie in diese Zeit füllen werden. Dazu ist sie nicht gedacht. Sie werden sich wundern, wie oft Sie gerade in dieser Zeit der freien Impulse plötzlich Ihre Küche putzen oder das Altpapier sortieren. Unsere Impulse sind nämlich nicht nur dafür da, ständig Spaß zu haben. Unsere Impulse setzen Zeichen in die richtige Richtung. Und wenn das eigene Nest beschmutzt ist, wird unser Impuls sein, die Hausarbeit zu erledigen. Unsere Impulse arbeiten für uns und unser Wohlergehen. Darauf dürfen wir uns verlassen, wenn wir grundsätzlich die Einstellung haben, dass uns an uns etwas liegt. Diese feste Zeit für Impulse ist auch deshalb nötig, weil wir Impulse von außen bekommen, denen wir folgen. Diese Impulse nehmen wir auf. So kann es zu einem Stau kommen. Wir sind Fremdbestimmungen ausgesetzt, die Spuren in unserer Psyche hinterlassen. Diese Spuren müssen wieder beseitigt werden, sonst leiden wir unter einer „Überfüllung". Dann entsteht das Gefühl, nichts mehr aufnehmen zu wollen und zu können. Stellen Sie sich das Bild von Jugendlichen vor, die sich freundschaftlich necken und knuffen. Damit die Situation friedlich und freudvoll bleibt, muss jeder einstecken und austeilen. Nach Möglichkeit sollte das Verhältnis zwischen Austeilen und Einstecken bei jedem ausgewogen sein. Wenn ein Ungleichgewicht entsteht, weil jemand zu viel austeilt und dadurch ein anderer zu viel einstecken muss, kippt die Situation schnell und es kann zu Gewalt kommen. Die Freude ist vorbei. So geht es auch Ihnen, wenn Sie Ihre Impulse nicht hinauslassen können. Psychosomatische Erkrankungen, speziell Gallensteine, Darmerkrankungen und Tumore, können die Folge sein. Die Situation ist gekippt und die Gewalt wendet sich gegen Sie, indem Sie sich selbst verletzen. Die andere Möglichkeit ist die, dass Sie Ihren Impulsstau in Aggressionen gegen Ihre Umgebung entladen. Sie fangen vielleicht an zu schreien oder Ihre Wut anders zu äußern. Lassen Sie es nicht so weit kommen, geben Sie Ihren Impulsen ein Ventil.

Übung

Kennen Sie Ihre Impulse? Manchen Menschen scheinen die Impulse abhanden gekommen zu sein. Es gibt einen einfach Trick, die eigenen Impulse zu entdecken. Beantworten Sie die folgenden Fragen:

1. *Was würde ich tun, wenn ich 10 Jahre jünger wäre?*
2. *Was würde ich tun, wenn man mir ein Jahresgehalt schenkte?*
3. *Was würde ich tun, wenn mein Beziehungsleben anders wäre? (Für gebundene Personen: Wenn ich Single wäre und umgekehrt)*

In den Antworten finden Sie Ihre Impulse, denn weder vom Alter noch vom Partner oder vom Geld hängt es ab, ob Sie Ihren Impulsen nachgeben können. Es hängt davon ab, ob Sie den Mut haben, Ihre Zeit mit Ihren eigenen Inhalten zu füllen – oder ob Sie lieber im großen Strom schwimmen wollen.

Merksatz

Wenn sich die Bedürfnisse meines Umfeldes verändern, darf ich mich nicht automatisch anpassen.

Zusammenfassung

Impulse brauchen ein Ventil, durch das sie kontrolliert entweichen können.
Wenn ein Mensch sich selbst Wertschätzung entgegenbringt, vereinbart er regelmäßige Termine mit sich selbst.
Zu viel Fremdbestimmung ohne Ausgleich führt zu einer seelischen „Überfüllung“.

b. Achtung, Zeiträuber

Wenn Zeit ein Rohstoff ist, ist Zeit auch ein Handelsgut. Wir können Zeit, wie bereits gesagt, nicht wirklich übertragen, doch wir können dennoch für Zeit, die wir einsetzen, eine Entschädigung erhalten. In der Arbeitswelt wird das vorgelebt. Nicht nur Fachkompetenzen oder Tätigkeiten werden dort gekauft, sondern auch Zeit. Zeit, die nicht den eigenen Zielen zur Verfügung steht, ist weg. Das kann Gemeinschaftszeit sein, denn das Leben mit anderen ist durchaus den meisten Menschen ein eigenes Bedürfnis. Oder es ist Zeit für die eigene Pflege, die Entspannung oder Entwicklung und so weiter. Wenn wir aber etwas in unsere Zeit hineinlassen, was uns ganz und gar nicht berührt, haben wir diese Zeit nicht genutzt. Uns allen begegnen immer wieder Zeiträuber. Das sind Menschen, die ihre eigene Zeit nicht zu füllen wissen und daher unsere Gesellschaft brauchen. Oder Vorschriften, die keinen Zweck haben, außer unsere Zeit zu füllen. Überall, wo viele Prinzipien herrschen und wo viel Kontrolle ausgeübt wird, wimmelt es von Zeiträubern. Ein Kind, das grundsätzlich jeden Samstag seine Schuhe putzen muss, ganz gleich, ob sie schmutzig sind oder nicht, ist Opfer eines zeitraubenden Prinzips.

Grenzen setzen

Welche eigenen Grenzen wollen Sie den unterschiedlichsten Zeiträubern aufzeigen? Um Grenzen zu setzen und anderen nicht Ihre Zeit zu überlassen, müssen Sie Ihre eigenen Grenzen kennen. Welche Grenzen haben Sie? Wie lange macht Ihnen Small-Talk übern Gartenzaun Freude? Wie lange bügeln Sie gern die Wäsche Ihrer Familienangehörigen? Diese Fragen und viele weitere müssen erst beantwortet werden, bevor Sie Ihre Grenzen darstellen können. Erst dann können Sie authentisch und glaubhaft über Ihre Grenzen sprechen.

Diskutieren Sie nicht

Über Ihre Grenzen sprechen bedeutet nicht, darüber zu diskutieren. Wenn ein Mensch versucht, Ihren persönlichen Zeitbedarf in Frage zu stellen, dann ist das so, als teile er Ihnen das Essen ein. Sie sind erwachsen genug, um die Folgen Ihrer Entscheidungen zu überblicken, machen Sie sich und anderen das deutlich. Meist reagiert das zeitraubende Umfeld mit einer Art seelischer Erpressung. „Wenn du so wenig Zeit hast, dann brauchst du mich ja nicht ..." Solche und ähnliche Aussagen sind Alarmzeichen dafür, dass jemand Sie erpressen will. Bleiben Sie hart. Denn wenn Sie sich erweichen lassen, wird man es immer wieder versuchen. Und je später Sie sich wehren, umso schwerer wird es, eine Veränderung zu erzielen. Beachten Sie, dass Ihre Mitmenschen ein Recht darauf haben, die Wahrheit über Ihre Grenzen zu kennen. Sie werden sonst von Ihnen in die Irre geführt. Menschen gehen leichter und harmonischer miteinander um, wenn jeder die Grenzen des anderen kennt. Und nicht alle haben die gleiche Toleranzbereitschaft. Wir sind unterschiedlich, das Recht dazu müssen wir uns gegenseitig zugestehen. Sie tragen nicht die Verantwortung für andere. Wenn ein Mitmensch mehr Zeit von Ihnen fordert, als Sie zu geben bereit und in der Lage sind, dann sagen Sie klar und deutlich „Nein". Aber reagieren Sie nicht zornig. Helfen Sie ihm, seine Zeit mit seinen Inhalten zu füllen oder suchen Sie mit ihm nach Möglichkeiten, sein eigenes Leben selbst in die Hand zu nehmen. Wenn er Ihre Hilfe ablehnt und darauf besteht, dass Sie allein sein Ansprechpartner sind, lesen Sie noch einmal das Kapitel über Co-Abhängigkeit.

Merksatz

Ihr Umfeld hat ein Recht auf klare Grenzen.

Übung

Trainieren Sie sich einen wachen Blick für Ihre eigenen Gefühle an. Beobachten Sie sich und notieren Sie, wie Sie sich bei verschiedenen Tätigkeiten fühlen. Dafür sollten Sie einen Wecker nutzen, der alle 30 Minuten klingelt. Auf sein Zeichen notieren Sie, was Sie gerade tun und auch, wie Sie sich dabei fühlen. Es kann vorkommen, dass Sie gerade angefangen haben, mit Freude das Gemüse zu putzen, das es heute Abend zu essen geben soll. Dann lautet Ihre Notiz: „Ich putze Gemüse. Ich fühle mich wohl dabei." 30 Minuten später aber kann die Notiz schon anders aussehen. „Ich putze noch immer Gemüse und bin verärgert, weil mir niemand hilft." Führen Sie diese Übung regelmäßig durch, sowohl an Wochenenden als auch an Werktagen. So können Sie erkennen, welche zeitlichen Grenzen es in Ihrem Leben gibt.

Nach dieser Übung sollten Sie eine Liste erstellen, die alle Grenzen enthält, die Ihnen inzwischen bekannt sind. Definieren Sie genau, wie lange ein Einkauf dauern soll oder wie viel Zeit Sie investieren wollen, um sich die Sorgen Ihrer Kollegin anzuhören. Achten Sie darauf, dass diese Zeiten nicht überschritten werden. Aber verzeihen Sie sich, wenn Sie sich dabei erwischen, dass Sie Ihre eigenen Grenzen nicht achten. Die Versuchungen sind groß und Gewohnheiten sehr stark. Sie können Ihre Grenzen leichter achten und zeigen, wenn Sie die jeweilige Situation verändern. Wenn Sie das Gefühl haben, jemand ziehe Sie beim Kaffee immer wieder in überlange Gespräche über sein eigenes Lebensleid, dann liegt es vielleicht daran, dass Sie sich immer am gleichen Ort treffen. Aus der Routine auszubrechen ist sehr schwer und braucht Kraft. Treffen Sie sich zukünftig an einem anderen Ort und trinken Sie Tee statt Kaffee, wird es Ihnen leichter fallen, nach Ihrer eigenen Zeitvorgabe aufzustehen und sich zu verabschieden. Wenn die zeitlichen Grenzen häufig zu Hause überschritten werden, dann wechseln Sie die Orte, die Plätze am Tisch und schon wird Ihr Bewusstsein wach bleiben und Grenzen werden deutlicher zu spüren sein.

Merksatz

Jeder ist selbst dafür verantwortlich, seine Grenzen zu verdeutlichen.

Wenn man Sie allein das Gemüse für vier Personen putzen lässt und dabei womöglich noch selbst vor dem Fernseher sitzt, dann raubt man Ihnen Zeit, sofern Sie sich dabei nicht gut fühlen. Nicht Handlungen sind falsch, sondern es ist nicht richtig, dass Ihnen ungute Gefühle entstehen. Ich kenne Männer und Frauen, die sehr gerne bügeln. Gibt man ihnen seine eigene Wäsche zum Bügeln, ist das kein Zeitraub, denn sie genießen es ja. Ich kenne Kinder, die sehr gern Nippes abstauben. Erlaubt man es ihnen, handelt es sich nicht um einen Zeitraub. Jeder Mensch kann unterschiedliche Inhalte genießen. Was der eine mag, ist dem anderen vielleicht zuwider. Hier gibt es keine klaren Regeln, deshalb muss jeder seine eigenen Grenzen finden. Wo wird unsere Zeit fremd genutzt? Wer zieht auf unsere Kosten Gewinne aus unserer Zeit?

Verantwortlich ist jeder selbst und allein

Wer unter Zeiträubern leidet, stellt sich gern selbst als ein Opfer dar. Die bösen anderen bürden der armen Mutter immer auf, das Haus zu wischen. Und sie haben auch jedes Mal Erfolg damit. Vielleicht gefällt sich mancher gut in der Rolle des Ausgebeuteten. So kann er dem Zeiträuber Schuldgefühle machen und hat ihn für lange Zeit, vielleicht sogar für immer, in der Hand. Eine Bindung zwischen zwei Menschen entsteht, die nicht gesund und nicht befriedigend sein kann. Zeiträuber und Opfer sind miteinander verbunden. Doch es liegt keine Bindung auf Basis von Gefühl und Erleben vor, sondern ein schmutziges Geschäft. Jeder, der immer wieder Zeiträubern begegnet, sollte wissen, dass er sich auf gar keinen Fall auf einen solchen Handel einlassen darf, denn am Ende verlieren alle. Und die Verantwortung für Bindungen trägt jeder Mensch selbst.

Teilen Sie Ihre Zeit mit Menschen, wenn es um ein gemeinsames Erleben und Erfahren geht, sonst nicht. Oder verbringen und füllen Sie Ihre Zeit allein. Diese beiden Seiten der Medaille werden sich bei einem Menschen abwechseln, wenn er ein Händchen für den Umgang mit der Zeit hat.

Übung

Sie kennen vielleicht Ihre Grenzen jetzt recht gut. Nun sollten Sie aber wissen, wie Sie Ihren Zeitrahmen alternativ füllen, wenn der Zeiträuber in seine Schranken gewiesen wurde. Es ist unsinnig, deutlich Nein zu sagen, wenn man sich später langweilt. Sie brauchen eine Alternative. „Ich habe mir etwas anderes vorgenommen“ sollte in diesem Fall keine Notlüge sein, sondern eine wahre Aussage. Nutzen Sie jetzt Ihre Kladde. Schreiben Sie alles auf, was Sie in Ihrer Lebenszeit erleben wollen. Das können große Vorhaben wie das Pilgern auf dem Jakobsweg sein oder auch kleine Dinge wie das Stricken eines Schals. Schreiben Sie alles untereinander. Diese Dinge sind Ihre Alternative zum Zeitraub, wenn Sie sich ernst nehmen und Ihre Bedürfnisse auch angehen.

Merksatz

Heute werde ich eine halbe Stunde etwas tun, was ich mir für meine Lebenszeit als wichtig vorgenommen habe. Ich weiß nicht, ob ich es täglich schaffe, ich weiß auch nicht, ob ich heute fertig werde, aber heute gehe ich einen Schritt auf die Befriedigung meiner Bedürfnisse zu.

Übung

Denken Sie noch einmal kurz an Ihr Zeitbild und visualisieren Sie es in aller Stille. Atmen Sie ruhig und entspannt. Dann sehen Sie sich auf einer grünen Wiese. Um Sie herum sitzen einige Zeiträuber, die Ihnen Aufgaben anbieten, die nicht Ihre sind. Ihr Zeitbild tritt dazu, um mit Ihnen zu reden. Sie schicken es weg, denn Sie befassen sich mit den Zeiträubern. Sie erklären jedem einzelnen, dass er Ihre Zeit nicht stehlen soll. Darüber wird es langsam dunkel. Sie treten den Rückweg an, die Zeiträuber sind verärgert darüber. Doch Sie suchen Ihr Zeitbild, gern wären Sie jetzt in Gesellschaft und würden mit ihm gemeinsam zurückgehen und den Alltag genießen. Doch das Zeitbild ist verschwunden. Wie fühlen Sie sich in dieser Situation? Wahrscheinlich sind Sie traurig oder wütend, weil Sie nicht getan haben, was Sie wollten. Das lässt sich nun nicht mehr ändern, zumindest für diesen Tag ist die Zeit weg.

Angst vor Liebesverlust

Grenzen setzen und wahrnehmen sind wichtige Fähigkeiten, um mit seinem Material „Zeit" richtig zu wirtschaften. Doch der Mensch ist abhängig davon, Anerkennung und auch Liebe in seiner Umgebung zu erfahren. Jeder möchte geliebt sein und Menschen haben, die ihn einfach gut finden. Lob und Anerkennung sind wichtige Bedürfnisse. Hier kann ein Konflikt entstehen. Einerseits hat jeder das Bedürfnis, seine Zeit sinnvoll zu füllen, andererseits wünscht er sich die Sympathie seiner Mitmenschen. Viele setzen keine Grenzen, weil sie den Liebesverlust fürchten. Wird die Mutter noch geliebt, wenn sie der Familie nicht jeden Abend ein frisches Essen auftischt? Ist eine Partnerin noch liebenswert, wenn der Mann selbst seinen Haushalt führen muss? Nun, liebenswert sind alle Menschen, die Gefühle und Bedürfnisse haben und das auch noch äußern können. Nur praktisch und nützlich sind sie dann nicht mehr. Aber mal ehrlich, geht es wirklich um einen Nutzwert? Will jemand von seinen Angehörigen wie eine Maschine oder ein Nutztier bewertet werden? Das ist keine Liebe. Eine Frau oder ein Mann, die sich Liebe verdienen sollen, haben die Liebe schon verloren und sollten sich die Chance geben, neue, menschlichere Kontakte zu finden. Viele halten Liebe und andere menschliche Gefühle für ein Handelsgut.

Der Mensch als Dienstleister ohne Bezahlung

Doch diese Haltung ist rücksichtsloser Umgang mit der Zeit und damit mit dem Leben anderer. Es ist erschreckend, dass gerade in Liebesbeziehungen wie Ehen und Familien ein gegenseitiges Ausbeuten auf höchstem Niveau stattfindet. Und um wichtige Kontakte und Bindungen nicht aufs Spiel zu setzen, lassen sich manche ausbeuten. Wenn Ihnen dieses unschöne Spiel bekannt vorkommt, dann visualisieren Sie Ihr Zeitbild. Sie werden nicht allein sein, wenn Sie nicht gehorchen. Sie werden nicht vereinsamen, weil Sie Nein sagen. Ihr Zeitbild ist bei Ihnen und kann Ihnen in jedem Augenblick Ihres Lebens etwas Neues zeigen. Vertrauen Sie sich der Zeit an, nicht einem Menschen, der es nicht gut mit Ihnen meint.

Übung

Vielleicht haben Sie nach dem Lesen der letzten Absätze das Gefühl, Sie müssten in Ihrem Leben etwas verändern? Dann beginnen Sie ganz langsam und vorsichtig. Überfordern Sie sich nicht. Wenn Ihr Chef jeden Abend ein Zeiträuber für Sie ist, dann beginnen Sie mit einem einzigen Abend in der kommenden Woche. Nehmen Sie sich ganz fest etwas vor. Wenn es Ihnen leichter fällt, verabreden Sie sich mit jemandem, den Sie nicht versetzen wollen. Machen Sie Ihrem Chef ganz deutlich Ihre Grenze klar. „An diesem Abend werde ich pünktlich Feierabend machen. Mir ist die Verabredung wichtig, die auf mich wartet, und ich werde mir den Abend nicht verderben." Das reicht für den Anfang. Üben Sie immer wieder, zuerst nur einmal pro Woche, später täglich. Die Zeiträuber werden sich andere Opfer suchen, wenn Ihnen klar wird, dass bei Ihnen nichts zu holen ist. Schließlich würde auch niemand in ein leerstehendes Haus einbrechen, um die Besitzer auszurauben.

Zeit sparen als Zeiträuber

Manche wollen Zeit dadurch erhalten, dass Sie Zeit sparen. Der Mensch der Neuzeit hat begonnen, mit allem zu handeln. Und wer handeln will, braucht die Möglichkeit, möglichst viele Handelsgüter in möglichst kurzer Zeit herzustellen oder zu erwerben und umzusetzen. Dafür hat man die Zeit ausgebeutet. Heute wird ein Paar Schuhe nicht mehr in tagelanger Arbeit genäht, es kommt in wenigen Minuten vom Band. Strümpfe stricken dauert nicht mehr einige Tage, sondern in der Fabrik nur noch Minuten. Dadurch sinken auch die Preise für die Erzeugnisse, der Händler verdient weniger und will noch schneller noch mehr produzieren. So wird die Zeit wieder verkürzt. Zeit sparen ist die Devise der Neuzeit.

Doch das ist eine Milchmädchenrechnung. Spare ich die Zeit beim Kochen ein, muss ich sie aufbringen, wenn ich durch schlechte Ernährung krank werde. Spare ich die Gesprächszeit mit meinem Partner ein, muss ich sie entweder in der Paartherapie oder im Scheidungsverfahren doch einsetzen. Selbstverständlich kann ich Zeit sparen, indem ich mich nicht um die Hausaufgaben meiner Kinder kümmere. Aber dieselbe Zeit verbringe ich dann einige Wochen später beim Elternsprechtag. Alles braucht seine Zeit. Das ist keine Aufforderung zur Langsamkeit, sondern eine Mahnung zu mehr Realismus. Was ich nicht durch meine Zeit erlebe, weil ich Zeit sparen will, muss ich entweder nacharbeiten, mit finanziellen Mitteln ausgleichen, oder ich muss mit einem Mangel leben. Ein Buch über Zeitmanagement darf also nicht die immer stärkere Beschleunigung und effizientere Zeitnutzung vermitteln, sondern die Liebe zur Zeit und die Fähigkeit, zur rechten Zeit das Richtige zu tun.

Der größte Zeiträuber ist also das Sparen der Zeit. Wer Zeit einspart, weiß normalerweise auch, wofür er die gesparte Zeit verwenden will. Das bedeutet, er hat mindestens zwei Tätigkeiten oder Erlebnisse für eine einzige Zeitspanne im Kopf. Betrachten wir eine Stunde Zeit, in der jemand seinen besten Freund anrufen und dabei auch seine Internetcommunity pflegen will. So spart er sicher Zeit. Er hat den Hörer am Ohr und während sein Freund etwas erzählt, kann er seine Internetfreunde im Chat bedienen. Wenn der Freund die Unachtsamkeit wahrnimmt, ist die gesparte Zeit schnell wieder weg. Und der Zeitsparer ermöglicht sich nicht, sich in aller Ruhe auf eine Tätigkeit zu konzentrieren. So wird er entweder oberflächlich agieren oder sich und sein Gehirn überfordern.

Affirmationen als Zusammenfassung

Ich habe eigene Vorstellungen und Pläne, wie ich meine Zeit füllen will.
Ich bin nicht abhängig von der Liebe eines speziellen anderen Menschen.
Ich will keine Zeit sparen, ich will Zeit genießen und mich ihr hingeben.
Ich setze Grenzen und beginne langsam und sanft damit, mein Gebiet klar abzustecken.

c. Verabredungen mit sich selbst

Dieses Thema ist weiter oben schon kurz angesprochen worden. Die meisten Menschen behandeln sich selbst viel schlechter, als sie jeden anderen Menschen behandeln würden. Wir sind anderen gegenüber großzügiger und wohlwollender als zu uns selbst. Was versprechen wir uns davon? Wir können nicht davon ausgehen, dass jeder sich selbst hinten anstellt. So laufen wir Gefahr, bei uns selbst und bei anderen das Schlusslicht zu bilden. Das ist keine angenehme Lebenssituation. Vielmehr lässt sie das Gefühl entstehen, wir seien nicht wichtig und nicht wert, in der ersten Reihe zu stehen. Schon ein Blick in seinen Kalender zeigt, wie wichtig sich ein Mensch selbst ist. Was steht im Terminkalender? Alle wichtigen Termine: Zahnarzt, Friseur, Elternabend. Aber was ist mit der Zeit für die eigene Entspannung, den Krimi am Abend und das Vollbad? Die wenigsten Menschen tragen sich selbst in ihren Kalender ein. Es scheint, als seien Terminkalender nur dazu da, uns daran zu erinnern, was andere von uns wollen. Aber sie heißen nicht Auftragskalender oder Fremdkalender, sondern Terminkalender. Es geht also um Termine. Das sind festgelegte Zeiten für definierte Aufgaben. Und ein Blick in den Terminkalender genügt, um herauszufinden, ob ein Mensch seine eigene Lebensführung und die Pflege und Betreuung seiner eigenen Person für eine Aufgabe hält. Wir müssen lernen, uns ernst zu nehmen und uns selbst gegenüber verbindlich zu werden. Wann waren Sie zum letzten Mal mit sich selbst verabredet? Welche Verabredungen mit sich selbst möchten Sie überhaupt eingehen? Viele Menschen klagen bei Befragungen darüber, dass Sie keine Zeit für Entspannung und Ruhe haben. Wer verabredet sich schon mit sich selbst zu einer Entspannungsübung? Das funktioniert meist nur, wenn ein Fremder eine Rolle spielt. Den Entspannungskurs lässt man eher selten ausfallen. Schließlich könnte das dem Kursleiter missfallen. Hat man gar ein teures Entspannungstraining gebucht, wird man sicher pünktlich zur vereinbarten Zeit erscheinen. Was ist hier eigentlich wichtig? Der Trainer oder die Entspannung?

Oft geht es mehr um den guten Ruf als um Befriedigung

Ist unser Ruf wichtiger, als unsere Bedürfnisse zu stillen? Es scheint fast so. Die meisten Menschen ziehen sich nicht für sich selbst schön an, essen allein schneller und weniger kultiviert als in der Runde. Manche räumen ihr Haus nur auf, wenn sie Besuch erwarten. Wie wichtig ist Ihnen, dass Sie eine gute Meinung von sich selbst haben? Haben Sie sich in der letzten Zeit gefragt, was Sie von sich selbst halten? Immer wieder spielen Menschen uns Selbstbewusstsein vor, indem sie waghalsig behaupten, mit sich selbst zufrieden zu sein. Woher stammen dann die übergroßen Zahlen an Schönheitsoperationen, die Umsätze im Kosmetikbereich und die vielen Depressionen? Eine befriedigte Gesellschaft sähe anders aus. Wenn Sie sich in Zukunft um mehr Befriedigung für sich bemühen wollen, dann können Sie es gleich lassen. Wenn Sie aber JETZT mehr Befriedigung für sich selbst wollen, dann starten Sie JETZT. Legen Sie entweder das Buch weg oder machen Sie den folgenden Test, um mehr über sich zu erfahren. Was gibt Ihnen JETZT Befriedigung? Das Buch wird es Ihnen nicht übel nehmen, wenn Sie es JETZT weglegen, einen Spaziergang machen und erst morgen weiterlesen.

Der folgende Test kann Ihnen etwas darüber verraten, wie gut es um Ihre Befriedigung steht.

Übung

Beantworten Sie die folgenden Fragen mit „Ja" oder mit „Nein". „Vielleicht" ist ausgeschlossen.

1. *Haben Sie häufig das Gefühl, Ihr Leben werde mehr von äußeren Zwängen als von Ihrer inneren Stimme geleitet?*
2. *Verbringen Sie die Stunde vor dem Einschlafen oft mit Fernsehen oder dem Konsum von Alkohol und Süßigkeiten?*
3. *Haben Sie starkes Übergewicht und würden gern abnehmen?*
4. *Kommt es vor, dass Ihnen der Kragen platzt und Sie einen unkontrollierten Wutausbruch erleiden?*

5. *Verspüren Sie wenig Lust, sich mit anderen Menschen zu treffen?*
6. *Nehmen Sie im Laufe eines Tages viele Snacks zu sich, vielleicht sogar als Ersatz für eine richtige Mahlzeit?*
7. *Ist Ihre Motivation, Neues zu entdecken und zu lernen, eher gering?*
8. *Haben Sie manchmal das Gefühl, andere Menschen könnten besser für sich selbst sorgen als Sie?*
9. *Sind Sie ungern allein?*
10. *Rauchen Sie?*

Geben Sie sich für jedes „Ja" zwei Punkte und für jedes „Nein" keinen Punkt. Wenn Sie mehr als 10 Punkte erreicht haben, denken Sie intensiv darüber nach, wie Sie für mehr Befriedigung Ihrer Bedürfnisse sorgen können. Vielleicht helfen Ihnen die folgenden Hinweise dabei. Für ein gutes Selbstwertgefühl verbunden mit innerer Ruhe und Zufriedenheit gilt die Faustregel:

Ein Drittel meiner Rohstoffe gehört mir. Das bedeutet, dass Sie ein Drittel Ihres Geldes und Ihrer Zeit, Ihres Platzes und Ihrer geistigen Energie für sich selbst nutzen sollten. Stehen Ihnen also drei Stunden Zeit zur Verfügung und haben Sie noch 100€ vom letzten Monat in der Tasche, dann sollten Sie sich eine Stunde Zeit nehmen und etwa 30€, um sich etwas zu gönnen. Wenn Sie das Geld nicht brauchen, legen Sie es beiseite, wer weiß, wozu es gut ist. Die Zeit aber müssen Sie nutzen, denn die können Sie ja nicht auf die Seite legen. Gestalten Sie einen Platz für sich. Je nachdem, wie Sie wohnen, gibt es offene und eher private Räume. Richten Sie Ihren Raum notfalls im Wohnzimmer oder im Schlafzimmer ein. Hier dürfen nur Sie sich aufhalten, um Ihre Bedürfnisse zu erfüllen. Das kann eine Leseecke ein, ein Schreibtisch oder ein Platz für Ihre Entspannungszeiten. Verwandeln Sie diesen Bereich in keinem Fall zu einem Gemeinschaftsbereich.

Und legen Sie dort nichts ab, was mit Aufgaben und Pflichten für andere zu tun hat.

Jeder hat eine Bedeutung für sich selbst

Viele Menschen leben sehr fremdbestimmt. Sie orientieren sich daran, was andere von ihnen erwarten oder verlangen. Damit wollen sie Liebe und Respekt erwerben. Sie wünschen sich den Beweis, wichtig und wertvoll zu sein. Darüber konnten Sie weiter oben schon einiges lesen. Es ist verständlich, dass unser Blick auch auf unsere Mitmenschen gerichtet ist. Schließlich können unsere Mitmenschen uns helfen, in der Gemeinschaft anerkannt zu sein. Unser Spiegelbild kann unsere Grundbedürfnisse nicht erfüllen. Wir brauchen die anderen. Doch es ist ein schmaler Grat zwischen der Notwendigkeit von menschlichem Kontakt und Abhängigkeit. Zu einer Abhängigkeit darf es gar nicht erst kommen. Abhängige Menschen erkennt man oft dran, dass sie selbst kaum dazu kommen, ihre Bedürfnisse zu befriedigen. Sie sind ständig daran gestört oder gehindert, für sich selbst zu sorgen. Wer abhängig von der Liebe seines Partners ist, gleicht einem Alkoholsüchtigen, der den Stoff braucht, um ruhig und entspannt zu sein. Jeder braucht Liebe, aber niemand braucht einen ganz speziellen Menschen, um leben zu können. Zur Abhängigkeit gehört, dass Sie kaum dazu kommen, Ihre Zeit mit Ihren Inhalten zu füllen. Immer wieder scheint etwas oder jemand sich zwischen Sie und Ihre Pläne zu schieben. Prüfen Sie in der nächsten Übung, ob Sie in einer Abhängigkeit stehen, die Ihren Umgang mit Zeit beeinträchtigt. Bevor Sie sich noch einmal mit einem Test befassen, definieren Sie doch einmal Ihren Wert für sich selbst. Wie sehr brauchen Sie sich? Würden Sie für sich selbst Opfer bringen? Sind Sie der Mensch, der für Sie durchs Feuer geht? Fragen Sie sich, wie viel Zeit und Einsatz Sie sich wert sind. Denken Sie daran: „Du sollst deinen Nächsten lieben wie dich selbst, nicht mehr."

Übung

Beantworten Sie die folgenden Fragen mit „Ja“ oder mit „Nein“. „Vielleicht“ gibt es nicht, entscheiden Sie sich im Notfall für die bessere der beiden Antworten.

1. *Geschieht es häufig, dass Sie sich morgens etwas vornehmen, wovon Sie abends merken, dass Sie es doch wieder nicht angegangen sind?*
2. *Sind Sie manchmal stolz darauf, in den Angelegenheiten anderer Menschen so gut Bescheid zu wissen, dass man Sie oft um Rat fragt?*
3. *Passiert es manchmal, dass Sie wichtige Bedürfnisse der Ernährung, Entspannung oder Körperpflege aufschieben, weil ein anderer Mensch Ihre Hilfe braucht?*
4. *Ärgern Sie sich manchmal darüber, dass Sie früher so viele Pläne hatten, von denen so wenige umgesetzt wurden?*
5. *Halten Sie sich manchmal für zu alt für das eine oder andere Vorhaben?*
6. *Leiden Sie unter dem Gefühl, nicht genug für andere zu tun?*
7. *Haben Sie Angst davor, im Alter allein zu sein?*
8. *Gibt es in Ihrem Umfeld Menschen, die von Ihnen sagen, Sie hätten immer für alle ein offenes Ohr oder eine Lösung parat?*
9. *Haben Sie finanzielle Sorgen oder das Gefühl, dass Sie beruflich nicht auf Ihre Kosten gekommen sind?*
10. *Würden Sie Ihre Familiengestaltung anders vornehmen, wenn Sie heute noch einmal die Gelegenheit dazu hätten? Hätten Sie einen anderen Partner, mehr oder weniger Kinder?*

Wenn Sie mindestens fünf der Fragen mit „Ja“ beantwortet haben, sollten Sie darüber nachdenken, ob Sie von der Liebe und Zuneigung anderer Menschen zu stark abhängen. Sollte das der Fall sein, suchen Sie sich Hilfe, damit Sie diese Abhängigkeit überwinden und ein eigenes Selbstwertgefühl aufbauen können.

Zusammenfassung

Ein Drittel meiner eigenen Rohstoffe soll nur mir allein zur Verfügung stehen.

Ich bin liebenswert, weil ich liebenswert bin, nicht weil andere es so entscheiden.

Ich bin mir bei meiner eigenen Geburt anvertraut worden und werde mich deshalb gut um mich kümmern.

Abhängigkeit führt dazu, dass ich meine eigenen Bedürfnisse nicht befriedigen kann.

Übung

Nehmen Sie Ihre Kladde zu Hand. Sie wissen, dass Eltern für ihre Kinder eine Sorgepflicht haben. Das geht über ein Erziehungsrecht weit hinaus. Eltern müssen ihren Kindern eine gesunde Ernährung, ausreichend geeignete Kleidung, einen privaten Raum, Bildung und Förderung zur Verfügung stellen. Außerdem müssen Eltern ihre Kinder vor Gewalt, Sexismus und anderen jugendgefährdenden Einflüssen schützen. Schreiben Sie ein Gesetz für den Umgang mit sich. Was müssen Sie als Sorgeverpflichter für sich selbst gewährleisten? Was sind Sie sich selbst schuldig? Diese Übung kommt Ihnen vielleicht komisch vor, doch sie ist bitterernst. Wenn Eltern die Sorgeverpflichtung ihren Kindern gegenüber nicht erfüllen, werden ihnen die Kinder ganz oder teilweise entzogen. Es geht Ihnen nicht anders. Wenn Sie Ihre Sorgepflicht sich selbst gegenüber nicht erfüllen, verlieren Sie sich. So ungefähr könnte Ihr Vertrag mit sich selbst aussehen:

> *Verbindliche Vereinbarung*
> *Ich erkenne an, dass ich mich gut ernähren werde, damit ich mich meiner Gesundheit erfreuen kann.*
> *Ich sorge dafür, dass ich immer so hübsch aussehe, wie ich es will und es mir möglich ist, denn ich will Freude an meinem Anblick haben.*
> *Ich werde mich vor den Konsequenzen schützen, die mir entstehen, wenn ich dringende Angelegenheiten vor mir herschiebe.*
> *Ich frage mich selbst regelmäßig, welche Bedürfnisse ich habe, und arbeite mit Hingabe an deren Erfüllung.*
> *Ich nehme mich ernst.*
> *Ich höre mir zu.*
> *Ich habe Geduld mit mir.*
>
> *Datum* *Unterschrift*

Merksatz

Ich will mich gut um mich kümmern, denn ich will mich und alle meine Angelegenheiten behalten.

d. Zeitschulden machen krank

Aufschieben führt zu einem schlechten Gewissen und zu Druck. Unter Druck lässt sich aber die Zeit nicht wahrnehmen. So kommt es zu einer gefühlten Verkürzung der Zeit und zu Angstgefühlen. Die Lebensqualität sinkt, wenn der Mensch das Gefühl hat, unter Zeitschulden zu stehen. Auch hier bietet sich der Vergleich mit dem Geld wieder an. Kaum ein Mensch hat gerne Schulden. Es ist ihm möglich, wenn seine Schulden einen Gegenwert haben, ein Auto oder ein Haus. Doch Schulden, die nicht bezahlt werden können, drücken einen Menschen meist sehr. Er fühlt sich schlecht und verdrängt seine Schulden. Er betäubt sich, um seine Verpflichtungen nicht ständig im Nacken zu spüren. Manche Menschen öffnen Ihre Post nicht, machen sich selbst etwas vor und sind nicht mehr frei, sobald die Schulden ihnen über den Kopf wachsen. Zeitschulden sind uns weniger bewusst, weil wir das Gefühl haben, Zeit wachse nach. Doch wenn wir zu wenig Zeit für uns selbst haben, können wir uns nicht entwickeln, uns nicht selbst erkennen. Wir verlieren den Bezug zu uns. Das ist uns von Kindern und ihren Eltern bekannt. Wenn die Eltern sich den Kindern nicht mit einem Minimum an Zeit zuwenden, kommt keine gute Beziehung zustande. Wenn wir uns unserer eigenen Person nicht mit Zeit zuwenden, haben wir auch zu uns selbst keine gute Beziehung und wir können uns nicht mehr versorgen. Wir haben dann das Gefühl, zu kurz zu kommen. Dieses Gefühl kann wachsen und sich verstärken, je länger es dauert. Und alle Situationen, in denen wir uns nicht entsprechend versorgen, weil wir uns nicht kennen und uns selbst nicht nahe stehen, addieren sich. Zeitschulden können nicht ausgeglichen werden. Treffende Beispiele sind das Essen oder die Bewegung. Wenn wir drei Jahre lang unseren Bewegungsdrang vernachlässigen, können wir nicht einfach plötzlich mit Joggen anfangen und schon ist alles wieder gut. Das würde mit Geld vielleicht gehen, doch mit Zeit funktioniert diese Rechnung nicht. Wir haben die Folgen des Bewegungsmangels zu tragen. Unsere Muskeln sind nicht plötzlich wieder da, unsere Gelenke sind nicht plötzlich wieder geschmeidig. Die Zeitschulden machen sich bemerkbar und erschweren unser Leben, in jedem Fall. Wenn wir unsere Bildung vernachlässigen, können wir zwar später das Gewünschte noch lernen. Doch wir nutzen dann dafür die Zeit, die uns für anderes fehlt.

Noch einmal langsam, denn Zeitschulden sind sehr schwer zu verstehen. Wieder bediene ich mich eines anderen Beispiels, erneut muss das Geld herhalten. Nehmen wir an, eine Frau kauft ihre Winterstiefel auf Kredit. Soweit ist alles in Ordnung, im nächsten Sommer wird sie sie bezahlen. Sie gibt also das Sommergeld für die Winterstiefel aus. Nun ist das Geld weg. Wovon wird sie ihre Sommerschuhe bezahlen? Ich habe einmal einen alarmierenden Gedanken zum Thema Entwicklungspsychologie gelesen. Wenn ein Grundschulkind täglich zwei Stunden am Computer spielt, verpasst es zwei Stunden Lesen, Spielen, körperliche Aktivität und menschliche Kontakte. Diese zwei Stunden machen gar nichts aus. Täglich sieht es anders aus. Nach einem Schuljahr wird das Kind etwa 20 Bücher weniger gelesen haben als Gleichaltrige. Daher wird sein Horizont kleiner sein. Es hat mindestens einen Spielkameraden weniger auf dem Spielplatz gefunden. Dadurch verringert sich das soziale Umfeld gegenüber Gleichaltrigen. Wäre es nur dieser Schaden nach einem Jahr, würde das Kind ins neue Schuljahr schon schlecht starten: ein Freund weniger und ein kleinerer Horizont als bei Gleichaltrigen. In den vier Jahren der Grundschule kommt da einiges zusammen. Schon im zweiten Jahr fehlt nicht nur ein Freund, sondern auch alles, was die Freunde dieses Freundes für die Entwicklung bedeuten würden. Gibt es einen Ausweg? Nein. Es gibt keinen Ausweg. Der Verlust muss akzeptiert werden. Die einzige Möglichkeit ist, ab sofort keine Zeitschulden mehr zu machen. Also Spielkonsole weg und ab auf den

Spielplatz. Anders geht es nicht. Das Beispiel passt übrigens ebenso auf jeden Erwachsenen, der seine Zeit nicht füllt. Machen Sie doch mal eine Rechnung: Wie viele Kontakte und wie viel Wissen, wie viel menschlicher Umgang ist möglich, wenn ein Mensch täglich zwei Stunden weniger fernsieht oder am PC hängt?

Stress ist immer selbstgemacht

Vor ein paar Monaten hat mir ein gut situierter, attraktiver und recht erfolgreicher Mann gesagt, dass meine Thesen auf jeden, aber nicht auf ihn zuträfen. Wenn er abends von der Baustelle komme, sei er so müde, dass er nur noch mal eben zwei Stunden vor der Glotze hängen könne. Schließlich sei sein Job sehr anstrengend. Ich weiß, was er macht, und er hat Recht. Seine Arbeit ist ungeheuer anstrengend. Aber er braucht diese Arbeit für den Unterhalt von zwei Häusern, zwei Autos, zwei Flugreisen im Jahr und einem Leben mit teuren Antiquitäten. Er lebt allein, weil seine Frau einen Mann mit Zeit gefunden hat. Wie arm ist dieser Mann, dass ihm außer dem Fernseher nichts bleibt? Wo liegt die Ursache für diese innere Armut? Schulden haben, ganz gleich auf welcher Ebene, kann damit zusammenhängen, dass man Schuldgefühle hat. Was bringt einen Menschen dazu, sich etwas nicht zu gönnen, sich in Verpflichtungen einzukerkern oder sich unflexibel zu machen? Er nimmt sich damit seine persönliche Freiheit. Wie kann es dazu kommen, dass man sich selbst diese wichtigen Qualitäten im Leben versagt? Schuldgefühle können ein starker, unbewusster Motor sein, sich selbst zu bestrafen und zu ruinieren. Geld statt Schulden und Zeit statt Stress muss ein Mensch sich gönnen können. Es sind Belohnungen für unseren eigenen Wert. Meist haben Menschen mit zu wenig Zeit und zu wenig Geld ein geringes Selbstwertgefühl. Und dann entsteht ein Teufelskreis, aus dem schwer auszubrechen ist. Es wird gegeben und gegeben, um mehr Selbstwertgefühl zu erlangen, aber diese Rechnung geht nicht auf. Irgendwann ist man ausgebrannt und dann ist das Selbstwertgefühl vollkommen verloren. Das ganze Spiel geht von vorne los. Ein Mensch mit Zeitschulden ist nicht „falsch". Er liebt sich nicht genug. Warum kann er sich selbst nicht geben, was er anderen doch meist großzügig zugesteht? Diese wichtige Frage muss beantwortet werden, sonst werden die Zeitschulden irgendwann erdrückend groß. Testen Sie in der folgenden Übung, ob Sie Zeitschulden haben.

Übung

Kreuzen Sie jede der folgenden Aussagen an, die auf Sie zutrifft. Wenn Sie sich beim einen oder anderen Satz nicht ganz sicher sind, machen Sie auch dort ein Kreuz.

1. *An manchen Tagen habe ich abends das Gefühl, nur für andere Menschen da gewesen zu sein.*
2. *Ich habe viele meiner Vorhaben und Träume noch nicht verwirklicht.*
3. *Bürokratische Angelegenheiten schiebe ich normalerweise so lange auf, bis es gar nicht mehr geht.*
4. *Wenn ich viel zu tun habe, verzichte ich auch schon mal auf eine ordentliche Mahlzeit.*
5. *Notfalls reicht es mir, mir ein bisschen Wasser ins Gesicht zu schütten, wenn ich in Eile bin.*
6. *Es kann passieren, dass ich meinen Urlaub nutze, um Dinge aufzuarbeiten, die vorher liegen geblieben sind.*
7. *Ich warte in der Regel lange damit, mir meine Wünsche zu erfüllen.*
8. *Ich glaube, andere Menschen sind erfolgreicher in der Lebensführung, als ich es bin.*
9. *Um alle meine Aufgaben zu schaffen, brauche ich eine sehr klare Liste.*
10. *Ich bin manchmal neidisch auf das, was andere sich gönnen können.*
11. *In jungen Jahren habe ich viele falsche Entscheidungen getroffen.*
12. *Wenn ich noch einmal als junger Mensch anfangen könnte, würde ich vieles anders machen als früher.*

13. *Leider lässt sich im Alter weniger verwirklichen als in der Jugend.*
14. *Wenn ich die Wahl hätte, würde ich mein Leben anders gestalten.*
15. *Was auch immer ich mir vornehme, mir kommt immer etwas dazwischen.*
16. *Ich bin meinem Umfeld als eine zuverlässige Nothilfe bekannt.*
17. *Um einem Menschen zu helfen, würde ich alles stehen und liegen lassen.*
18. *Ich habe gelernt, dass es im Leben immer anders kommt, als man denkt.*
19. *Für meine Zukunft habe ich viele Wünsche und ich will meinen Ruhestand genießen.*
20. *Ich erledige meine Angelegenheiten gern allein und lasse mir nicht gern helfen.*

Wie viele Kreuze haben Sie gemacht? Lesen Sie jetzt die Auswertung.

Weniger als fünf Aussagen treffen auf Sie zu?

Sie haben wahrscheinlich keine Zeitschulden und sind in der beneidenswerten Lage, frei über Ihre Zeit verfügen zu können. Damit ist der Weg frei für gefüllte Zeit in Ihrem Leben.

Sie haben zwischen fünf und zehn Aussagen angekreuzt?
Achten Sie darauf, nicht in die Zeitschuldenfalle zu geraten. Entmüllen Sie Ihre Zeit, damit Ihre Situation sich entlastet.

Sie haben mehr als zehn Kreuze gemacht?
Wahrscheinlich stecken Sie schon recht lange und tief in Zeitschulden. Es wird Zeit für radikale Maßnahmen. Akzeptieren Sie Ihre Zeitschulden und ziehen Sie einen Schlussstrich. Bemühen Sie sich ab sofort um eine realistische Zeitplanung, wie im letzten Kapitel dieses Buches beschrieben.

Menschen sind Prozesse, nicht Produkte

Nicht die Zeit wächst nach, die Bedürfnisse wachsen, da liegt das Problem. Die Bedürfnisse nehmen zu, weil wir uns verändern und wachsen. Wenn wir versäumen, mit unserem Kleinkind lange Waldspaziergänge zu machen, können wir das beim Teenager nicht nachholen. Der Teenager braucht nur unseren Kühlschrank, um seine Kumpels bewirten zu können. Nehmen wir uns bei unserem Grundschüler nicht die Zeit für eine Gute-Nacht-Geschichte, will unser Kind drei Jahre später altersbedingt auch keine mehr hören. Ereignisse lassen sich nicht nachholen. Sie ereignen sich zur rechten Zeit am rechten Ort. Wenn wir nicht da sind, findet das Leben ohne uns statt. Zeitschulden zerstören die Lebensinhalte. Das ist wie in einem Zug, der durch die Landschaft fährt. Die Zeit fährt. Doch wir dürfen uns im Zug nicht passiv verhalten. Wir müssen mit der Zeit mitgehen. Wir können Zeit nicht nachholen. Wir können vielleicht Rechnungen später bezahlen. Oder wir können eine Anschaffung auf später verschieben. Geld kann warten, denn Geld ist nicht an die Gegenwart gebunden. Wir können Geld ja auch im Lotto gewinnen, erben oder geschenkt bekommen. Wir können manchmal unsere Arbeitszeit erhöhen oder unser Stundenlohn verbessert sich. Geld ist dehnbar. Zeit ist nicht dehnbar. Zeit ist Leben und ans Leben lässt sich nichts anbauen. Das Leben lässt sich nicht ausdehnen. Wenn wir Zeitschulden haben, sind uns die Gefühle und Wahrnehmungen entgangen, die wir gebraucht hätten, als sie aktuell waren. Die jeweilige Gegenwart bietet den stabilen Stand, den wir uns im Lauf unseres Lebens erarbeiten. Später brauchen wir etwas anderes und die Basiserfahrung, das Grundlegende fehlt uns dann oft.

Das kann sogar so weit kommen, dass wir uns in unserem eigenen Leben nicht mehr auskennen. „Ich weiß gar nicht, warum ich so bin wie ich bin", diese Aussage habe ich schon oft gehört. In der Lebensmitte kommt dann die Krise, die uns auffordert, wieder unser eigenes Leben zu führen und unsere Zeit mit unseren eigenen Inhalten zu füllen. Leider hat das oft das Ende von Familien und Beziehungen zur Folge. Das muss aber nicht sein. Wer sich selbst als einen Prozess sieht und auch seine Umgebung darauf hinweist, der muss nicht plötzlich kurz vor der Silberhochzeit alle Bindungen abbrechen, um ein neues, selbstbestimmtes Leben zu beginnen. Wer schon vorher auf sich geachtet hat, der wird diesen Krisenpunkt nie erreichen. Er rührt daher, dass wir uns selbst nicht der Zeit zuwenden, die uns zusteht und die wichtig für unsere Beziehung zu unserer eigenen Persönlichkeit ist.

Oft haben Menschen ein ganz statisches Bild von sich. Sie wollen sich abschließend definieren. Sie sind sich sicher, dass sie sich genau kennen. Manche beschreiben sich mit Worten wie: „Das war bei mir schon immer so." Ich antworte auf diese Aussage meist mit der Frage: „Und wie ist es jetzt?" – und ernte dafür in der Regel einen verständnislosen Blick. Menschen haben von sich das Gefühl, sich nur dann festhalten zu können, wenn sie so unbeweglich sind wie eine Steinsäule. Dabei behandeln sie sich wie Produkte. Eine Tasse, ein Schrank oder ein Pullover können fertig sein; ein Mensch ist aber ein stetiger Prozess. Er erhält den ganzen Tag lang Impulse von außen, die ihn mehr oder weniger stark berühren und verändern. Er ist nicht fertig. Nähme er keine Impulse mehr auf, wäre er tot. Deshalb ist es hinderlich, ein festes Bild von sich selbst zu haben. Es kann nicht heißen: „Ich kenne mich." Vielmehr kann es heißen: „Ich habe schon einige Seiten an mir kennengelernt und bin gespannt auf das, was da noch kommt." Doch für den Weg der Selbsterkenntnis benötigt man Zeit. Wie ein Kind, das neugierig und erstaunt vor einem Becken mit Flusskrebsen steht, um sie kennenzulernen, sollten auch Sie neugierig und staunend vor sich selbst stehen. Das Kind hat Fragen: „Was machen die jetzt? Macht den Krebsen das Spaß? Warum machen die sowas?" Diese und ähnliche Fragen sollten Sie stellen, wenn Sie sich beobachten. Sie werden schnell merken, dass Sie vielleicht anders sind, als Sie bisher dachten. Das ist gut so, denn Sie sollen sich nicht ausdenken. Damit wären Sie eine gedankliche Eigenproduktion. Aber Sie sind viel mehr. Erinnern Sie sich noch daran, wie neugierig und selbstbewusst Sie als Teenager waren? Ein junger Mensch traut sich vieles zu und lässt sich schwer von seinen Vorhaben abbringen. Wenn wir älter werden, begrenzen wir uns. Statt den anderen die Grenzen zu setzen, setzen wir uns selbst Grenzen. Das ist letztlich eine Schädigung unseres eigenen Lebens. Wir nehmen uns damit die Chance, unsere Potenziale zu verwirklichen. Sie sind es wert, erlebt zu werden. An dieser Stelle kann Ihr Zeitbild Ihnen wieder behilflich sein.

Übung

Nehmen Sie sich wieder Ihr Zeitbild vor. Visualisieren Sie ein Treffen mit Ihrem Zeitbild in einem Café. Sie beide sitzen sich gegenüber. Sie hatten in der letzten Zeit selten Gelegenheit, sich zu treffen. Ihr Zeitbild ist Ihnen sehr vertraut und liegt Ihnen am Herzen wie ein sehr guter Freund. Fragen Sie, wie es Ihrem Zeitbild geht. Hören Sie genau hin. Ihre Zeit kann Ihnen zeigen, ob es ihr gut geht oder ob es ihr schlecht geht. Gewöhnen Sie sich an, abends einen Smiley oder einen Kommentar in Ihren Kalender zu schreiben. Wenn Ihr Zeitbild in Ordnung ist, fällt der Kommentar positiv aus, das Zeitbild lächelt. Fühlt sich Ihre Zeit vernachlässigt, dann gibt es einen entsprechend kritischen Kommentar. Dann überlegen Sie, was Sie falsch gemacht haben. Wo haben Sie die Zeit schlecht behandelt oder nicht beachtet? In welcher Phase des Tages haben Sie nicht erlebt und gefühlt? Warum nicht? Überlegen Sie, wie Sie das ändern können und nehmen Sie sich vor, dass Sie den kommenden Tag besser kommentieren.

e. Der beste Treffpunkt

Wenn Sie sich mit sich selbst verabreden, dann stehen Ihnen viele Inhalte zur Verfügung. Doch ein spezieller Inhalt ist der beste von allen. Es ist die Verabredung in Ihrer eigenen Mitte. Meditation kann Ihnen helfen, sich selbst zu finden und von sich und Ihren Bedürfnissen ausgehend gut mit Ihrer Zeit umzugehen. Deshalb rate ich Ihnen, zu meditieren. Meditation lässt sich leicht erlernen. Sie brauchen nicht einmal Zeit aufzubringen, um einen Meditationskurs zu besuchen. Ich empfehle grundsätzlich die aktive Meditation, wenn ein Mensch Zeit gewinnen will. In der aktiven Meditation geht es – wie in der Zeitplanung auch – um Wahrnehmung und Bewusstsein. Das Ziel der aktiven Meditation ist hoch. Nach intensivem Üben kann es gelingen, jeden Schritt aus der eigenen Mitte heraus zu gehen. So bleiben wir immer aufrecht, authentisch und bei uns selbst. Aber schon zehn Minuten täglich, in aktiver Mediation verbracht, können wahre Steine ins Rollen bringen und viel Schutt aus dem Leben entfernen helfen.

Den meisten Menschen fallen aktive Meditationen leichter als die passiven. Später werde ich aber auch noch etwas zur passiven Meditation schreiben, denn jeder sollte sie kennen, damit ihm in unruhigen Zeiten Alternativen zur Verfügung stehen, mit denen er sich wieder ausloten kann. Eine Richtung, die beide Meditationen gut verbindet, ist der Zen-Buddhismus. Hier wechseln sich Phasen der Ruhe-Meditation mit Phasen der aktiven Meditation ab. Eine der wichtigsten aktiven Meditationen ist die Gehmeditation. Durch die Aktivität, die beim Gehen entsteht, wird nahezu der ganze Körper in den Prozess einbezogen. Und das Gehen ist ja etwas, was alle Menschen machen, während andere Handlungen weniger allgemeingültig sind. Gehen hat zudem für den Organismus viele positive Aspekte. Der Begriff „gehen" wird so oft auch für seelische Prozesse benutzt; daran erkennen wir, wie wichtig das Gehen als Handlung für uns Menschen ist. Die Füße, die den Erdboden berühren, sind eine wichtige Verbindung zu unserem Ursprung in der Erde; der aufrechte Gang ist ein Zeichen für unsere Ausrichtung zum Universum.

Gehmeditation

Langsam schreiten Sie einen Weg entlang, dabei wird die Aufmerksamkeit auf jeden einzelnen Schritt gelenkt. Eine aktive Meditation nimmt für gewöhnlich etwa 45 Minuten in Anspruch und ist besonders gut dazu geeignet, sich nicht nur Gedanken der Achtsamkeit zu erschließen, sondern auch das achtsame Handeln zu trainieren. Selbstverständlich kann die aktive Meditation auch mit anderen Menschen gemeinsam durchgeführt werden, Unterhaltungen sollten jedoch unterbleiben. Jeder ist bei seiner Handlung, jeder bildet mit seiner eigenen Handlung eine Einheit. Aktive Gruppenmeditationen mit Gesprächen und Kontakten sind wohl eher nicht möglich.

Übung

Die erste Übung dient der Verdeutlichung der Achtsamkeit während der aktiven Meditation. Verlassen Sie das Haus und gehen Sie in eine beliebige Richtung. Setzen Sie einen Fuß vor den anderen und nehmen Sie Ihre Schritte wahr. Gehen Sie einfach geradeaus. Zuerst werden Sie vieles erkennen, was Ihnen vertraut ist. Beachten Sie es nicht, sondern setzen Sie einen Fuß vor den anderen und nehmen Sie nur Ihre Schritte wahr. Einfach gehen, sonst nichts. Wenn Ihnen diese Übung auf Dauer zu langweilig ist, können Sie einen Waldweg suchen und barfuß gehen. Nehmen Sie Ihre Füße wahr, beachten Sie nicht die Umgebung, sondern sich. Die Barfußwege in Kneippanlagen eignen sich gut für die Gehmeditation.

Musikmeditation

Meditation in Verbindung mit Musik stärkt die Verbindung mit dem eigenen Körper und ermöglicht, einen natürlichen Rhythmus zu fühlen. Es gibt zwar auch den Tanz der Ekstase, doch der ist nicht mit dem meditativen Tanz zu verwechseln. In vielen Meditationsschulen wird der meditative Tanz geübt, bevor man zur Ruhemeditation übergeht. Dadurch ist gewährleistet, dass ein Teil der körperlichen Spannung abgebaut wird und in der Ruhemeditation nicht mehr hinderlich sein kann. Sehr gut eignet sich auch das Trommeln.

Viele Menschen versuchen, die aktive Meditation zu ersetzen, indem sie einen Film betrachten oder eine Aufnahme anhören. Das ist völlig sinnlos und erreicht nur die oberflächliche Wahrnehmung. In der aktiven Meditation ist die eigene Bewegung wichtig. Man erlebt schließlich nicht das Wandern, wenn man ein Buch darüber liest, und man wird auch kein Fußballer, indem man vor dem Fernseher sitzt.

Weitere aktive Meditationen

Weitere Möglichkeiten der aktiven Meditation bieten das Tai Chi, die Kalligraphie und die Teezeremonie. Auch Ikebana, Bogenschießen und der Zengarten sind geeignet zur aktiven Mediation. Ich bleibe aber dabei: Meditation geht immer, denn die Voraussetzung für Meditation ist nicht die Matte oder der Kursleiter, sondern die eigene Achtsamkeit. Deshalb muss gewährleistet sein, dass der Meditierende sich vollkommen auf seine Handlung konzentriert und seine gesamte Liebe in seine Tätigkeit fließen lässt. Und mit dieser Vorgabe kann jeder in seinem Lebensalltag aktive Meditationen betreiben, während er bügelt, kocht oder seinen Hund bürstet. Mit Tantra und Yoga seien noch zwei bedeutsame aktive Meditationsformen genannt, doch ich will hier nicht alles ausweiten. Grundsätzlich sei zur Meditation noch einmal ein mir unbekannter Autor zitiert, der die Meditation sehr treffend in Worte gefasst hat: „Meditieren heißt, in einer Idee aufgehen und sich darin verlieren, während Denken heißt, von einer Idee zur anderen zu hüpfen, sich in der Quantität zu tummeln, Nichtigkeiten anzuhäufen, Begriff auf Begriff, Ziel auf Ziel zu verfolgen. Meditieren und Denken, das sind zwei divergierende, unvereinbare Tätigkeiten."

Passive Meditation

Die passive Meditation fordert unseren Geist ebenso, aber wir brauchen freie Zeiten, um sie durchzuführen. Passive Meditation wirkt wie eine Erfrischung bei Erschöpfung. Anfängern fällt die aktive Mediation oft leichter; wer unter Zeitmangel leidet, sollte mit der aktiven Meditation beginnen. Trotzdem schließe ich einige Ausführungen über passives Meditieren an.

Diese Form der Meditation ist sicher die, die Ihnen zuerst in den Sinn kommt, wenn Sie an Meditation denken.

Meditierende Menschen kennen wir ruhig sitzend, in entspannter Haltung. Es gibt die klassische und sicher jedem bekannte Statue des sitzenden Buddhas, die ein typisches Bild für die passive Meditation ist.

Normalerweise ist es ruhig im Raum; Sinnesreize werden abgeblockt. Diese Stille in der Umgebung macht die Meditation leichter, so werden die Ablenkungen von außen ausgeschaltet. Ein erfahrener Meditierender braucht diese äußere Unterstützung nicht mehr, er kann auch im lautesten Getümmel seine eigene Mitte finden und halten. In der Stille eines Raumes erfahren wir, dass es in uns keineswegs still ist. Kaum hören oder sehen wir nichts mehr, beginnen unsere Gedanken laut zu werden. Der Kopf startet ein eigenes Programm aus Nachdenken, Grübeln, Überlegen. Auch Gefühle kommen dann in unser Bewusstsein. So kann ein Zustand der Angst entstehen oder der Unsicherheit, wenn die Ablenkung um uns herum nicht mehr wahrgenommen wird. Sind Sie gern mit sich allein? Die meisten Menschen halten es mit sich nicht lange aus. Sie brauchen dann schnell ein Radio, ein Buch, den Fernseher oder die Zigarette. Manchmal habe ich den Eindruck, viele würden fast alles unternehmen, um den Kontakt zu sich selbst zu vermeiden.

Übung

Sie sitzen bequem auf einem Stuhl oder auf dem Boden. Nehmen Sie wahr, wie Ihr Atem zuerst Ihren Brustkorb füllt und erweitert und dann Ihren Bauchraum. Beobachten Sie dabei nur, wie die Luft ausströmt und wie Sie sie wieder einströmen lassen. Nutzen Sie Ihre Hände, um zu fühlen, wie sich Ihre Bauchdecke erweitert. Atmen Sie durch die Nase ein, etwa drei Sekunden lang, und durch den Mund etwa fünf Sekunden lang wieder aus. Konzentrieren Sie sich auf nichts anderes als darauf, wie die Luft aus Ihrem Körper ausströmt. Wir modernen Menschen atmen normalerweise zu kurz aus, wollen immer etwas zurückbehalten. Atmen ist nicht nur ein Prozess der Energieaufnahme, es hat auch eine reinigende Funktion, denn mit der ausströmenden Luft kann Ballast losgelassen werden. Achten Sie auf Ihr Ausatmen und versuchen Sie, immer noch ein wenig mehr aus sich herauszulassen.

Wenn Sie die Atmung in der Ruhemeditation gut beherrschen, können Sie den nächsten Schritt gehen. Der besteht darin, dass Sie einfach nur noch atmen, ohne an das Loslassen zu denken oder es sich vorzunehmen. Atmen, sonst nichts. Ich weiß, dass dieser Hinweis seltsam klingen mag, doch Meditation kann kaum durch das Lesen oder gar durch Wissen erfahren werden, man muss es tun und erleben. Nun mögen gerade am Anfang der Übungen sorgenvolle Gedanken oder Erinnerungen in Ihrem Kopf auftauchen. Nehmen Sie diese Gedanken wahr, wehren Sie sich nicht dagegen. Lassen Sie sie kommen und dann einfach wie die Wolken an sich vorüberziehen. Wenn Sie sich gegen die Gedanken sträuben, werden sie nur noch stärker. Sie erfahren dann durch die Anstrengung, durch den Zwang zur Ruhe keine wirkliche Meditation. Diese Übung wird Ihr Bewusstsein für das Loslassen verändern, wenn Sie standhaft bei der Übung bleiben. An den ersten Tagen kann Ihnen die Zeit unendlich lang vorkommen, doch lassen Sie sich nicht entmutigen. Starten Sie einfach am nächsten Tag einen neuen Versuch.

Meditation in Achtsamkeit

Achtsamkeit ist eine der drei Säulen der Liebe. Die beiden anderen Säulen sind die Hingabe und die Wertschätzung. Zwar sprechen wir von der Achtsamkeitsmeditation, doch gleichermaßen könnte sie Wertschätzungs- oder Hingabemeditation heißen. Liebe ist die Energie, die den Menschen positiv motiviert. Die Wahrnehmung Ihrer eigenen Person, wie Sie sich selbst in Liebe befinden, ist eine wichtige Bedingung, damit das Leben gelingt. Es gibt die Achtsamkeitsmeditation in erster Linie unter den passiven Meditationen.

Hierzu nehmen Sie eine aufrechte Haltung auf einem Meditationskissen ein und konzentrieren sich ausschließlich auf Ihre Emotionalität, Ihren Körper und Ihren Geist in genau diesem Moment. Statt Meditationskissen können Sie auch ein Meditationsbänkchen oder einen Holzstuhl benutzen. Das Besondere an dieser Meditation ist, dass nichts bewertet wird. Wir nehmen nur wahr, bilden uns aber kein Urteil. Es spielt keine Rolle, ob das, was Sie wahrnehmen, Ihnen gefällt oder nicht. Das bedeutet, dass die Begriffe „gut“ oder „schlecht“ nicht mehr als Wertungen, sondern nur noch als Beschreibungen genutzt werden. Schlechte Milch verurteilen wir ja auch nicht, wir schütten sie als ungenießbar weg. Es ist in dieser Meditation gleichgültig, ob Sie Freude, Mut, Angst, Verbundenheit fühlen. Sie bemerken nur: „Ich fühle Angst“ und lassen das so stehen. Sie nehmen wahr: „Ich langweile mich“ und lassen es einfach so sein. Das bedeutet, dass Sie auch nichts verändern wollen, während Sie meditieren. Sie bleiben ruhig und gelassen und lassen sich ganz auf den Augenblick ein. Wenn jemand wahrnimmt, dass er Kopfschmerzen hat, dann ist das eben so, es ist nicht gut und nicht schlecht, nicht logisch, sinnvoll oder störend, es ist „Kopfschmerzen“. In der Wertung liegt ein Festhalten, wir müssen den Augenblick quasi ausweiten, um uns ein Urteil über ihn zu bilden. In der Achtsamkeitsmeditation lernen wir, dass alles fließt, und was eben noch „Kopfschmerzen“ war, kann schon im nächsten Augenblick „Angst“ und im nächsten „Beruhigung“ sein. Das Ziel dieser passiven Meditation ist die Befreiung von egoistischen Gedanken und Gefühlen, denn Wertungen unterliegen ja immer der Frage: „Wie finde ICH das?" oder „Wie beurteile ICH diesen Umstand?" Hier wird das „Ich" einmal vollständig herausgenommen. Es geht um das Leben und um den Augenblick, in dem das Leben spürbar ist.

Übung

Die Achtsamkeitsübung gleicht der Ruhemeditation sehr. Nur konzentrieren Sie sich jetzt nicht mehr auf das Ziel, sich mit Ihrem Atem zu befreien. Sie konzentrieren sich auf nichts. Das ist ein Widerspruch, ich weiß. Das Gesetz des Ausgleichs bedeutet schließlich, dass es kein natürliches Vakuum gibt. Sie können also nicht denken: „Ich denke an nichts." Es bleibt dabei, einfach alles wahrzunehmen, was Sie fühlen. Die Kunst besteht darin, nicht darüber nachzudenken, also nicht an Ihren Wahrnehmungen hängenzubleiben.

Es gibt viele weitere Meditationsformen, doch seien Sie vorsichtig. Wählen Sie keinen Lehrer und keinen Kursleiter ohne erkennbare Qualifikation. Viele selbst ernannte Meditationsgurus sind Scharlatane, die Sie in die Irre führen. Meditation darf nie ein Ausweg aus dem Alltag sein. Meditation ist immer Achtsamkeit in Ihrem Lebensrahmen. Schließlich wollen Sie nicht an eine schöne andere Welt glauben, denn Ihr Leben findet in dieser Welt statt.

Informieren Sie sich bei Volkshochschulen oder Familienbildungsstätten, wenn Sie mehr über Meditation lernen wollen. Auch Heilpraktiker und Krankenkassen können unter Umständen gute Tipps geben. Und verwechseln Sie Mediation nicht mit Entspannung oder mit Ablenkung. Meditation ist Selbsterfahrung im eigenen Leben. Und sie hilft dabei, für alle Schritte den richtigen Startpunkt zu finden, nämlich die eigene Mitte. Die eigene Mitte ist der Ort der Ruhe, wenn um Sie herum alles tobt und stürmt. Und die eigene Mitte lässt Sie unabhängig sein, denn dort finden Sie die Geborgenheit und Wärme, nach denen jeder Mensch sich sehnt.

Verzagen Sie nicht, wenn die Übungen, die ich Ihnen vorgeschlagen habe, nicht auf Anhieb gelingen. Das ist vollkommen normal. Doch schon im Üben selbst liegt ein Gewinn. Es gibt keinen Meistermeditierer. Sie können nicht gut oder schlecht meditieren, nur ernsthaft. Und das gelingt Ihnen am besten, wenn Sie sich daran so gewöhnen wie an das Zähneputzen.

Zusammenfassung

Zeitschulden machen krank. Gönnen Sie sich, was Sie auch anderen Menschen gönnen wollen.
Leben ist Prozess, nicht Produkt.
Wer Lebensfreude fühlen will, sollte sich selbst hin und wieder neugierig beobachten.
Sie sind es wert, erlebt zu werden.
Der beste Ort, sich mit sich selbst zu verabreden, ist die eigene Mitte.

3. Zeit – ein wundervolles Geschenk

Zeit ist Leben. Wir kommen mit einem großen Vorrat an Zeit zur Welt und niemand weiß, wann die eigene Zeit aufgebraucht sein wird. Zeit ist unsere Chance, unser Leben zu fühlen und zu füllen. Wir verdienen uns keine Zeit, denn die Zeit ist ein Naturphänomen, das niemandem verschlossen ist. Zeit bekommen wir einfach. Und damit wird Zeit zu einem Geschenk. Sie ist nicht einklagbar; sie wird auch nicht gerecht verteilt. Entweder sind wir dankbar für dieses Geschenk oder wir verlieren es. Und alle klugen Ideen helfen uns nicht weiter, wenn die Zeit abgelaufen ist. Wenn ein Kind zur Welt kommt, wünschen die Eltern ihm, dass es lange glücklich lebt. Und dann beginnen sie, seine Zeit zu verplanen. Was das arme Würmchen nicht oft schon in den ersten Lebenswochen leisten muss, ist unglaublich. Statt seine Zeit nach der Geburt für sich selbst zu haben, wird es nicht nur zur wichtigen ärztlichen Untersuchung geschleppt, sondern auch gleich noch zur Nachbarin, Patentante und auf das Open-Air. Der Terminkalender vieler Babys gleicht dem eines Profimodels. Fototermin mit Häschen im Arm, Probetermin in der Kinderkrippe und Testnachmittag beim Babysitter. Und so bleibt es, wenn wir es nicht irgendwann selbst ändern. Überall werden wir verplant.

Mich erinnert das an eine Situation auf einem Kindergeburtstag. Das Geburtstagskind erhält eine Tüte Gummibärchen. Ein Geschenk zu seinem Geburtstag, den es, wie jeder andere auch, nur einmal im Jahr feiern kann. Die Mutter ermahnt das Mädchen sofort mit gestrenger Miene: „Du musst aber mit den anderen teilen." Mein Kind hätte nicht teilen müssen. Es gibt Feiertage im Leben eines Menschen und das ist wichtig. Und es gibt die eigene Zeit. Auch die muss nicht geteilt werden, denn niemand ist bei der Verteilung zu kurz gekommen. Teilen Sie auch Ihre Gummibärchen mit allen – und wenn Ihre Tüte leer ist, gibt Ihnen niemand etwas ab? Sicher kennen Sie dieses Gefühl der Enttäuschung. Die Ursache liegt in falschen Erwartungen. Schließlich hat niemand zugesagt, mit Ihnen zu teilen. Ein Geschenk zu würdigen bedeutet, es zu genießen. Der, der es Ihnen geschenkt hat, hat Sie gemeint, nicht andere Menschen. Echte Geschenke sind persönliche Zuwendung. Können Sie diese persönliche Zuwendung aushalten und die Gummibärchen allein essen? Vielen fällt es schwer. Welchen Wert hat ein Geschenk, das der Empfänger sofort unter die Leute bringen muss? Unsere Zeit wurde uns anvertraut, nicht damit wir sie verteilen, sondern damit wir sie sinnvoll füllen. Wenn wir in unserer Zeit wachsen und lernen, niemandem zur Last zu fallen, sind wir schon ein Segen für andere. Wenn wir vor lauter Zeitnot kranke Jammerer sind, ist nichts gewonnen. Das aber ist leider die Realität, in der viele sich befinden. Sie geben etwas her, obwohl sie gar nichts übrig haben. Dafür holen sie sich Energie von jemand anderem, der auch nichts hat. So leben die meisten Menschen am Rande der Erschöpfung; ein Teufelskreis entsteht, der immer wieder von Disharmonien geprägt ist. Kennen Sie Beispiele? Die meisten Familien funktionieren so. Die Mutter ist mit der Pflege ihres Ehemannes überfordert, will sich aber keinen Pflegedienst suchen. Also muss die berufstätige Tochter helfen, die selbst drei Kinder zu erziehen hat. Die wiederum fordert von ihren Kindern zu viel. Die Kinder bleiben auf der Strecke. Ein ganz typisches Leben. Schade, denn wir leben in einem Rahmen, der uns ermöglicht, Hilfe zu erhalten, wenn wir überfordert sind. Sie sollten sich zur Regel machen, keine Hilfe zu bieten, die auch auf anderem Weg zu bekommen ist. Manchmal sind öffentliche Stellen oder andere Hilfseinrichtungen zuständig. Klopfen Sie grundsätzlich ab, ob Sie überhaupt die richtige Person sind, wenn jemand Sie um etwas bittet. So entgehen Sie selbst der Überforderung und Ihre Gruppe oder Familie entgeht dem ewigen Spiel, das da heißt: Ich reiche Überforderung an den nächsten weiter.

a. Zeit ist in Fülle vorhanden

Wer die Fülle an Zeit nicht sehen kann, wird sich an der Zeit nicht erfreuen, sie nicht genießen und damit nicht als Grund zum Feiern empfinden können. Und wer keine Freude am Augenblick hat, hat keine Zeit. Wir bekommen immer wieder neue Zeit geschenkt. Morgens, wenn wir aufwachen, können wir es am deutlichsten merken. Wie schlimm, dass manche Menschen gar nicht aufstehen oder erst gar nicht aufwachen wollen. Dabei liegt ein ganzer leerer Tag vor ihnen. Leer, ungefüllt, das meine ich so, wie ich es schreibe. Denn all die Termine, die vielleicht auf uns warten, haben wir selbst gemacht. Wir müssen gar nichts. Zuerst sollten wir morgens herausfinden, was wir eigentlich von diesem Tag wollen. Wie soll die Zeit gefüllt sein? Ja, wir müssen vielleicht arbeiten, unsere Wohnung putzen oder die Kinder wecken. Nein, wir müssen nicht. Wie sind zu nichts gezwungen. Wir wecken genau die Kinder, die wir uns ausgesucht haben, niemand wird „zwangsvereltert". Auch die Berufstätigkeit können alle Menschen heute weitgehend selbst gestalten, schon in der Schule lernen Kinder heute das notwendige Rüstzeug, um nicht in einem ungeliebten Job zu enden. Und Zwangsarbeit ist ausgeschlossen. Wir belügen uns nur selbst. Wenn wir Kinder wünschten, die Karriereleiter gewählt haben und in einem großen Haus leben wollten, dann haben wir vielleicht die zeitlichen Folgekosten nicht gesehen. Dann war unser Bedürfnis größer als unsere Leistungsfähigkeit oder unser Arbeitswille. Viele Menschen überschätzen sich, gerade bei der Zeit. Beim Geld ist das deutlicher, aber Zeit ist ebenfalls ein Rohstoff. Wir setzen Zeit ein, um eine Karriere zu machen, einen Hund zu halten und Beziehungen zu pflegen. Am Anfang merken wir diese Zeit nicht, zu groß ist die Aussicht auf das Ersehnte. Doch wie schnell haben wir uns zeitlich verrechnet? Ich kenne viele Menschen, die glauben, ein Vollzeitjob, fünf Freunde, drei Hobbys, Haustiere und eine Familie wären zeitlich noch neben regelmäßigem Lesen und Sport zu bewältigen. Friseurbesuche, Zahnarzttermine und Reifenpannen möchte ich gar nicht weiter dazuzählen. Die Fülle der Zeit wird mit vollen Händen verteilt und dann ist sie weg. Mit der Zeit und ihrem Ausgeben verhalten sich viele wie ein Kind mit dem ersten Taschengeld. Kaum ausgezahlt, ist es schon am Kiosk ausgegeben. Und der Rest des Monats? Das Kind jammert darüber, weil es nichts mehr hat. Die restlichen Tage mancher Erwachsener werden jammernd in Zeitarmut verbracht. Es würde auch nicht helfen, das Taschengeld zu verdoppeln oder die Stunden eines Tages zu erhöhen. Wer die Fülle nicht zu schätzen weiß, der wird sie nicht sorgsam behandeln. Wer eine Stunde wegwirft, wirft auch zehn Stunden weg. Er macht es nämlich immer in der ersten Minute einer neuen Stunde neu. Fülle dient nur dem, der sich ihrer bewusst ist. Gerade hinsichtlich der Zeit hungern die Menschen vor vollen Tellern. Greifen Sie doch einfach zu. Die Zeit ist genau JETZT für Sie da. JETZT machen Sie bitte eine Lesepause und machen 45 Minuten lang etwas, was Sie schon immer machen wollten. Es ist egal, ob es sich um eine Pflicht oder um eine Freude handelt. Sie haben JETZT Zeit, Sie hätten ja auch die Zeit gehabt, um weiterzulesen. Sie verpassen jetzt alles, was auf der folgenden Seite steht. Schauen Sie mal, was Ihnen entgangen ist, während Sie einfach Ihre Zeit für sich selbst genutzt haben:

Nichts, ganz genau. Sie haben es nicht erlebt, also können Sie auch nichts verpasst haben. Wenn Freunde uns erzählen, was wir verpasst haben, dann erzählen sie uns, was sie erlebt haben. Wie wir den Kegelabend, den Ausflug oder das Kino erlebt hätten, weiß niemand. Also weiß auch niemand, was wir verpasst haben. Wichtig ist, dass wir etwas erlebt und gefühlt haben. Wir können immer nur ein Erleben haben, und das reicht völlig.

Übung

Lernen Sie, Zeit auch mal zu behalten. Führen Sie einen Terminkalender. In diesen tragen Sie aber nicht nur Termine ein, sondern Sie markieren dreimal in der Woche an einem Tag zehn Prozent Ihrer Zeit. Diese Zeit wird nicht vergeben, für nichts. Sie ist einfach nicht da. Es ist gleichgültig, ob diese Zeit auf den Vormittag, Nachmittag oder Abend fällt. Sie ist nicht da. Und wenn diese Zeit dann auf Sie zukommt, füllen Sie sie bewusst. Legen Sie keine sinnvolle Tätigkeit hinein, sondern Gefühle. Wie lange wird es wohl dauern, bis Sie diesen kleinen Zeitanteil zurückhalten, um ihn zu genießen, bis er Wirklichkeit wird? Es ist nicht leicht, so zu handeln. Doch denken Sie an Ihr Haushaltsgeld. Sie können ja sicher auch nicht eine Woche lang jeden Abend groß ausgehen, um dann in den restlichen drei Wochen zu hungern, oder?

Die Übung oben dient dazu, Zeit einteilen zu lernen. Zeit einteilen ist leichter als Geld einzuteilen. Die Grundregel heißt: „Verplane keine Zeit, die du nicht hast." Die Zukunft ist noch nicht da, sie kann nicht verplant werden. Sie brauchen Ihre Zukunft, machen Sie keine Zeitschulden, die Ihnen in der Zukunft die Luft zum Atmen nimmt. Und lernen Sie, daran zu denken, dass ein Preis aus Geld und Zeit besteht. Ein Hund kostet im Monat etwa 30 Euro Unterhalt und 90 Stunden Zeit. Wollen und können Sie sich einen Hund leisten? Wenn ja, dann ist das toll. Ich kann nur dazu raten, Haustiere zu halten. Doch dann müssen Sie nicht mit dem Hund Gassi gehen, Sie wollen es. Genießen Sie Ihren Luxus, statt sich von ihm gezwungen zu sehen.

Bleiben Sie in der Eigenverantwortung

Machen Sie sich mit dem Gedanken vertraut, dass Sie allein die Macht haben, Ihre Zeit zu binden. Und binden Sie nicht zu viel Zeit, schon gar nicht alle, die Sie haben. Immer wieder habe ich im Rahmen meiner beratenden Tätigkeit erfahren, dass Menschen über Zwänge klagen. Sie sehen keine Alternativen, weil sie schon vorher zensiert haben, was gedacht werden darf. Eine dreifache Mutter klagt darüber, dass sie den ganzen Tag für ihre Kinder parat stehen müsse. Das hört sich zwar richtig an und erklärt auch, warum die Frau sich nicht um sich kümmerte. Aber es ist falsch. Es gibt Alternativen. Sie könnte die Kinder zeitweise bei Verwandten unterbringen, einen Babysitter bestellen, den Vater in die Pflicht nehmen. Sie könnte über die örtlichen Wohlfahrtsverbände Hilfe suchen. Und wenn das alles ganz und gar nicht geht, was eher unwahrscheinlich ist, dann könnte die Mutter ihre Kinder in ein Heim bringen. Huch, welch schlimmer Gedanke! Ja, es mag sein, das dieser Gedanke nicht schön ist. Aber er ist eine echte Alternative. Das Leben ist nun mal kein Ponyhof. Es gibt auch Aspekte, die uns weniger gut schmecken. Und die junge Mutter trägt die Verantwortung dafür, wie ihre Kinder aufwachsen. Sie hat die Wahl! Was auch immer sie wählt, sie hat freiwillig entschieden. Suchen Sie Alternativen für die Zwänge in Ihrem Leben. Und wenn Sie sich für das entscheiden, was Sie heute als Zwang empfinden, dann ist es kein Zwang. Dann ist es eine freiwillige Entscheidung, die Sie selbst verantworten. Prüfen Sie gut, ob Sie sich das leisten können, was Sie entscheiden. Sie müssen nicht nur wirtschaftlich, sondern auch zeitlich flexibel bleiben. Menschen werden krank, wenn sie ihren Impulsen nicht mehr frei nachgehen können. Planen Sie immer wieder Impulszeit ein, indem Sie zehn Prozent Ihrer Zeit für Termine und Bindungen sperren. Und halten Sie sich an diesen Termin. Wenn die Impulszeit beginnt, halten Sie in Ihrer Tätigkeit inne und erspüren Ihren derzeitigen Impuls. Lassen Sie notfalls auch mal alles stehen und liegen, um Ihrem Impuls zu folgen. Sie werden staunen, wie frei sich das anfühlt. Aber machen Sie das Bügeleisen vorher aus und achten Sie darauf, dass andere wissen, wann Sie zurück sein werden. Auf keinen Fall erklären Sie bitte, was Sie tun. Das bringt Sie nicht zum Ziel Ihres Impulses. Lassen Sie den folgenden Satz zu Ihrem Leitspruch werden: „Ich kann nur die Zeit nutzen, die ich JETZT habe."

Merksatz

Ich allein trage die Verantwortung für meine Zeit.

Zusammenfassung

Es gibt keine Zwänge, jeder hat immer eine Alternative.
Sie können nichts verpassen, was Sie nicht erleben.
Jeder Mensch kann nur die Zeit nutzen, die er in der Gegenwart hat.

b. Zeit geht von Augenblick zu Augenblick

Von Augenblick zu Augenblick kann die Zeit wahrgenommen werden wie ein Weg, der mit bewussten Schritten gegangen wird. Erst durch Wahrnehmung erhält die Zeit ihren Inhalt. Aber um diesen Inhalt zu bekommen, brauchen wir Eigenständigkeit im Kopf. Alle Automatismen sollen uns Zeit geben, doch das Gegenteil ist der Fall. Sie rauben Zeit. Zeit, die wir automatisch verbringen, fühlen wir nicht. Wir haben daher den Eindruck, die Zeit sei leer gewesen. Etwas mit Konzentration zu machen, lässt Gefühle und Wahrnehmungen entstehen. So fühlen wir die Zeit und wissen später, welches ihr Inhalt war. Wer automatisch arbeitet, leidet unter der Arbeit. Von Arbeitern an Fließbändern ist uns das gut bekannt. Nicht die schwere Arbeit ist ihr Problem, sondern die Monotonie. Heute ist die Arbeitswelt humaner geworden. Wir stellen Anforderungen und lassen Arbeitnehmer ihren Kopf gebrauchen. Einem Mitarbeiter diese Anforderungen an das selbstständige Arbeiten zu verwehren, kann sogar in bestimmten Fällen als Mobbing gewertet werden. Dieser Abschnitt soll zur Anstrengung ermuntern. Nur wache Menschen haben Zeit. Kennen Sie das Phänomen? Da stehen ein Arbeitnehmer und ein Rentner zusammen und der Rentner hat keine Zeit, sich mit dem berufstätigen Nachbarn zu unterhalten. Dieses Klischee bringt uns zum Lachen. Doch es ist die Wahrheit. Rentner, die ihre Zeit endlich genießen wollen und können, die sich aus dem Hamsterrad lösen konnten, leben oft sehr bewusst. Sie erleben. Sie hören gründlich zu, denn die Ohren werden langsam alt. Sie schauen genau hin, denn die Augen werden schwach. Sie denken gründlich nach, denn die grauen Zellen sind schon ein bisschen eingerostet. Jüngere Menschen haben oft das Gefühl, sie könnten alles aus dem Ärmel schütteln. Deshalb achten sie den Augenblick geringer als ältere. Somit ist ihr Leben oft weniger reich. Beim Umgang mit der Zeit können wir von manchen Alten lernen, sie haben uns schon viele verpasste Augenblicke voraus.

c. Vergangene Zeit ist Illusion

Denken fordert Zeit. Wie bereits gezeigt, kann das Gehirn immer nur einen einzigen Gedanken gleichzeitig denken. Also kann sich ein einziges Gehirn nicht gleichzeitig mit der Vergangenheit und der Gegenwart befassen. Trotzdem scheint es, dass viele Menschen sehr gern an die Vergangenheit denken. Sich mit der Vergangenheit zu befassen bedeutet, sich einer Illusion hingeben. Diese Illusion verhindert, dass gegenwärtige Zeit gesehen und erlebt wird. Man merkt nicht, wie die Gegenwart vergeht, wenn man in der Vergangenheit denkt. Die Vergangenheit reizt uns oft als Inhalt unserer Gedanken, weil wir beispielsweise mehr gute Erinnerungen bewahren als schlechte. Außerdem bietet die Vergangenheit den sicheren Schutz vor der

Verantwortung und vor Überraschungen. Die Vergangenheit ist bequem, weil wir sie so zurechtrücken können, wie es uns gefällt. Das ist ein nettes Spiel und verschafft uns auch kurzfristig Entlastung, wenn die Gegenwart mit all ihren Herausforderungen und Ansprüchen nach uns verlangt. Doch die Vergangenheit hat den großen Mangel, dass sie uns nicht mehr wirklich erreichen kann und unsere Gefühle nicht wirklich anspricht. Die Regungen, die die Vergangenheit in uns hervorruft, sind Regungen aus dem Gedächtnis. Wir erleben nicht wirklich etwas, was uns entwickelt oder uns erleben lässt. So kann es vorkommen, dass wir uns um den Genuss bringen, der in der Gegenwart liegt. Gerade Familienfeste, besonders Weihnachten, sind solche Zeitkiller durch Vergangenheit. Da sitzt die Mutter verzückt am Tisch und erinnert sich mit der Oma und dem Opa daran, wie die Kleine vor 20 Jahren die hübschen Päckchen gierig aufgerissen hat. Während dieser Zeit entgeht ihr, dass die Tochter vielleicht ein Gespräch von Frau zu Frau mit ihr wünscht, weil sie schwanger ist. Während die Vergangenheit sich im Kopf der Mutter breit macht, geht das Leben weiter. Die Tochter nimmt wahr, dass ihre Mutter nicht ansprechbar ist. Die Tochter lernt etwas, nämlich, dass sie in der Mutter nicht die gewünschte Gesprächspartnerin findet. Und die Mutter bekommt davon nicht einmal etwas mit. Solche Situationen häufen sich im Alltag der Menschen. Und am Ende findet man sein eigenes Leben nicht wieder, denn man war ja gar nicht dabei. Was also soll man gegen die Zeitvernichtungsmaschine Vergangenheit unternehmen? Zuerst ist wichtig, wahrzunehmen, dass man die Gegenwart verlassen hat. Und wenn bewusst ist, dass man sich mit Vergangenem befasst, hilft eine einfache mentale Übung.

Übung

Nehmen Sie wahr, dass gerade ein Gedanke in Ihrem Kopf Gestalt annimmt, der mit der Gegenwart nichts zu tun hat. Das muss kein unsinniger Gedanke sein. Nur bezieht er sich nicht auf das Hier und Jetzt. Nun stellen Sie sich vor, den Gedenken freundlich anzulächeln und ihm eine Wolke zu rufen. Diese Wolke nähert sich vor Ihrem inneren Auge und hüllt den Gedanken ein. Danach zieht sie weiter und nimmt den Gedanken mit – und der Gedanke ist weg. Mehr Aufhebens sollte um einen Gedanken, der zur Vergangenheit gehört, nicht gemacht werden. Lassen Sie ihn ziehen, er ist ein Mogler.

Jeder liebt Gespräche über die Vergangenheit. „Weißt du noch …" „Ach, war das damals schön …" Diese Unterhaltungen stellen ein vordergründiges Gefühl von Verbundenheit her. Verbundenheit kann aber nur in der Gegenwart als wertvoll und bereichernd erlebt werden. Deshalb bleiben nach den gemeinsamen Ausflügen in die Vergangenheit nicht selten Leere und ein dumpfes Gefühl zurück. Auf dem letzten Klassentreffen hat man sich so gut unterhalten. Man hat sich gegenseitig so genossen und die Telefonnummern ausgetauscht und versprochen, sich nun häufiger zu sehen, aber dabei ist es oft auch geblieben. Ausflüge in die Vergangenheit sind Zeitkiller. Jeder sollte sich gut überlegen, ob das, was er gerade unternehmen will, wirklich etwas mit seiner Gegenwart zu tun hat oder nur mit der Erinnerung an frühere Zeiten. Überprüfen Sie daher Ihre Motivation, bevor Sie so handeln, wie Sie es schon oft und früher getan haben.

Übung

Visualisieren Sie Ihr Zeitbild. Möchten Sie über Ihre gemeinsame Vergangenheit sprechen? Dann beginnen Sie jetzt und erleben Sie das innere Zwiegespräch bewusst. Wie geht es Ihrer imaginären Gesprächspartnerin dabei? Fühlt sie sich wohl? Wenn ja, dann erforschen Sie, ob Sie vor irgendetwas Angst haben. Fürchten Sie etwas, was in der Zukunft liegt?

Wie können Sie der Furcht begegnen? Sicher nicht mit der Vergangenheit. Bereiten Sie sich lieber auf das vor, was vor Ihnen liegt, damit Sie gut gerüstet sind.

Oft ist Erinnerung eine Flucht vor der Angst. Wenn Sie sich der Zukunft nicht gewachsen fühlen, sehnen Sie sich in Zeiten zurück, deren Aufgaben Sie schon gemeistert haben. Das gleicht einem Abiturienten, der über seiner Klausur schwitzt und sich wünscht, wieder die Schwungübungen aus der ersten Klasse vor sich zu haben. Diese Angst ist sehr menschlich und sehr verständlich. Aber mit der Zukunft sieht es ähnlich aus wie mit der Vergangenheit. Auch die Zukunft ist Illusion. Sie können selten vorher berechnen, welche Faktoren zusammenspielen, um ihre nächste Situation zu formen. Wenn Sie es genau berechnen könnten, könnten Sie das Kommende ja auch verhindern.

Betrachten Sie ein Beispiel. Ein Mann geht davon aus, dass seine Frau ihn nach Feierabend von ihren Scheidungsabsichten in Kenntnis setzen wird. Er hat schon seit ein paar Wochen Angst davor. Er weiß, dass es nicht anders kommen kann, denn er hat seine Frau in den vergangenen Wochen mehrfach betrogen und sie ist ihm auf die Schliche gekommen. Außerdem ist heute der Hochzeitstag und er hat versäumt, ihr morgens zu zeigen, dass er daran gedacht hat. Nun mag die Berechnung des Mannes vollkommen richtig sein. Dann erkennen Sie aber, dass er alle Faktoren selbst geliefert hat, er hätte die Situation also verhindern können. Wir erwarten immer nur die böse Überraschung, die wir selbst vorbereitet haben. Nun sitzt dieser Mann zappelnd und unruhig im Büro und malt sich die befürchtete Szene aus. Er nutzt seine Zeit für eine Illusion. Noch, jetzt in der Gegenwart, ist nichts passiert. Also sollte er schnellstmöglich das Ruder in die Hand nehmen und, wenn möglich, die Situation in eine andere Richtung lenken. Er könnte sich frei nehmen, nach Hause fahren, seiner Frau zuvorkommen und sich entschuldigen. Außerdem könnte er ein Geschenk zum Hochzeitstag mitbringen. Ihm wird etwas einfallen, wenn er aufhört, von später zu spinnen. Nur sollte er die Gegenwart nutzen. JETZT. Und er sollte seiner Frau auf keinen Fall die gemeinsame Vergangenheit als Bild anbieten. Dadurch kann sie nur spüren, dass sie nicht verliebt und glücklich, sondern betrogen und wütend ist.

Zusammenfassung

Die Vergangenheit bietet uns keine realen Gefühle und Erlebnisse.
Oft ist die Vergangenheit nur ein Zufluchtsort, um den eigenen Ängsten in der Gegenwart zu entfliehen.
Das Gehirn kann immer nur einen Gedanken denken.
Gedanken an die Vergangenheit verhindern das Erleben der Gegenwart.

d. Umgang mit der Zukunft

Oben habe ich die Zukunft als Illusion bezeichnet, weil kein Mensch die Zukunft oder seine Zukunft kennen kann. Deshalb kann auch kaum jemand mit der Zukunft umgehen. Und doch motiviert uns die Zukunft. Sie definiert unseren Weg, weil sie das Ziel angibt. Ohne ein Ziel wollen wir uns nicht bewegen. Wie entkommen wir diesem Dilemma? Philosophen, Psychologen und Berater unterschiedlicher Bereiche haben die Lösung schon lange gefunden, selten werden sie gehört. Deshalb will ich über den richtigen Umgang mit der Zukunft in diesem Buch noch einmal sprechen. Die Zukunft muss in der Gegenwart beginnen, wenn sie nicht schädigen oder ablenken soll. Das heißt, alle Träume und Zukunftsgedanken sollten einen Anker in der gegenwärtigen Realität haben. Wer plant, in der Zukunft ein Hochschulstudium abzuschließen, muss jetzt die ersten Schritte unternehmen, auch wenn er weiß, dass er aus finanziellen Gründen noch ein paar Jahre warten muss, um sich einzuschreiben. Das können kleine Schritte sein, und doch müssen sie gegangen werden. Er könnte schon einen Ausweis für die Unibibliothek beantragen oder seine Freizeit mit Studenten verbringen. Auch hin und wieder Veranstaltungen einer Universität zu besuchen gehört dazu. Wenn ein Mensch diese ersten Schritte nicht unternimmt, bleibt das Ziel ein Traum. Und Träume sind zwar schön, aber sie lenken von der Realität ab. Wer in seiner Zukunft eine Familie gründen will, sollte schon mal die Sauftouren an den Wochenenden einstellen. Das ist eine sinnvolle Vorbereitung auf die eigene Zukunft.

Die ersten Schritte nicht zu gehen bedeutet, die eigenen Ziele nicht ernsthaft zu verfolgen. Und das bedeutet, sich selbst nicht ernst zu nehmen. Zukünftige Ereignisse und deren Vorbereitung gehören daher mit auf die Liste, die dem Tagesplan zugrunde liegt.

Damit Sie sich aber nicht in Träumereien verlieren, können Sie das folgende Spiel mit sich selbst spielen. Sie brauchen dafür einen freien Nachmittag, eine schöne Umgebung und Papier und Stifte, alte Zeitungen, Klebstoff und was Ihnen sonst noch einfällt, wenn Sie an das Wort „Collage" denken.

Lesen Sie den folgenden Text aufmerksam durch und beginnen Sie dann, Ihren Ideen, Gedanken und schließlich Ihren Händen freien Lauf zu lassen. Am Ende steht Ihre Collage von der Zukunft. Sie sollten Sie aufhängen und kurz betrachten, bevor Sie Ihren Tag planen.

> Ich hatte und habe viele Wünsche für mein Leben. Manche berühren mein Herz und sind immer da. Andere kommen und gehen. Viele Wünsche sind auch schon vergangen, weil ich etwas Besseres be-

kommen habe. Doch da gibt es eine feste Vorstellung, für die ich lebe und arbeite. Es gibt Ziele in meiner Seele, äußerliche wie innerliche. Ich kann sehen, wie ich wohnen möchte. Ich kann vor meinem inneren Auge klar erkennen, wie ich meine Tage und Nächte verbringen möchte. Manches, was ich heute schon habe, möchte ich nicht missen. Manches möchte ich nicht mitnehmen in meine Zukunft. Ich weiß, dass meine Zukunft jetzt beginnt, und gebe meinem Gehirn jetzt das Bild, das es ansteuern soll.

Zusammenfassung

Wenn Zukunft eine Rolle spielt, dann JETZT.
Träume können sich verselbstständigen und die Zukunft verhindern.

e. Mach dir die Zeit zum Freund

Ich habe bereits an vielen Stellen des Buches darauf hingewiesen, dass die Zeit ein Freund ist. Sie ist großzügig, denn sie stellt regelmäßig Rahmen zur Verfügung, die wir nach unserem Geschmack füllen dürfen. Sie zieht keine Konsequenzen, wenn wir sie nicht beachten. Sie ist nie erschöpft, weder am Tag noch in der Nacht. Unaufhörlich bietet sie uns Flächen für unsere Inhalte. Sie schreibt uns nichts vor und hat keinen Machtanspruch. Sie ist also ein perfekter Freund. Wir müssen nur rufen, schon ist sie zur Stelle, und es stört sie nicht, wenn wir ihr gegenüber im Mittelpunkt stehen. Doch wie beantworten wir diese Freundschaft? Oft sind wir undankbar und nörgelig. Wer seine Zeit als Mangelware oder als feindlich betrachtet, kann kaum erwarten, dass die Zeit sich wohlfühlt. Und wenn die Zeit in eine wie auch immer geartete Schieflage gerät, gerät das gesamte Leben aus den Fugen. Zeit ist wie ein Rohbau. Sie gibt den Rahmen für Geborgenheit, Gemütlichkeit und den Inhalt des Lebens. Wer seine Zeitplanung auf Sand baut, wird erleben müssen, dass er immer wieder Schwachstellen ausbessern muss. So macht das Leben keine Freude.

Zeit darf geliebt und hoch geschätzt werden. Sie ist ein Freund, der immer zur Verfügung steht. Aus Zeit lässt sich alles machen, was ein Mensch braucht. Jede kleine Aufmerksamkeit, die die Zeit bekommt, beantwortet sie großzügig. Wir sollten uns zur Gewohnheit machen, die Zeit anzuerkennen.

Zeitverschwendung ist eine Tugend

Zeitverschwendung klingt in vielen Ohren ganz schrecklich, fast wie eine Sünde oder eine Straftat. Doch was genau ist Zeitverschwendung? Jetzt, fast am Ende dieses Buches, können wir sagen: Zeitverschwendung ist nicht wahrgenommene Zeit. Ich lade Sie zu einer anderen Form der Zeitverschwendung ein. Verbringen Sie Ihre Zeit doch regelmäßig mit allen Sinnen, aber ohne Ziel. Es ist das Wunderbare am Beruf des Autors, dass er schreiben kann und Gedanken zu Papier bringt, ohne zu wissen, ob und wann sie je jemand lesen wird. Es ist wundervoll, das zu tun, was man tun will, ohne ein Ziel anzustreben. Das ist geplante und sinnvolle Zeitverschwendung. So wird Zeit gepflegt und darf ganz und gar im Mittelpunkt stehen. Wird die Zeit gepflegt, vermehrt sie sich und bringt positive Erfahrungen und gute Gefühle mit sich. Verschwenden Sie bitte Zeit. Was würden Sie gern machen? Einen Kuchen backen? Sie haben keinen, der ihn essen will? Macht nichts. Backen Sie einen Kuchen, hingebungsvoll und mit allen Sinnen. Wer ihn isst, interessiert in der Gegenwart noch nicht. Das können Sie später klären. Sie wollen unbedingt Malen lernen, aber später keine Bilder verkaufen? Wunderschön sinnlos ist dann das Lernen. Lernen Sie Malen mit allen Sinnen, und genießen Sie es. Es bringt Ihnen nichts, außer dem unbezahlbaren Gefühl, Zeit zu haben.

Wir sind heute von dem Wahn besessen, jede Minute letztlich irgendwie zu einem Ergebnis werden zu lassen. Das mag in der Wirtschaft gut und richtig sein. Ein Unternehmer muss seinen Rohstoff gewinnbringend einsetzen. Er kann es sich nicht leisten, den Rohstoff einfach nur zu haben, zu betrachten und zu lieben. Wir aber haben den Rohstoff Zeit für uns. Wir dürfen sie lieben und von allen Seiten anschauen. In der Lebenszeit, in der wir keinen formalen Gewinn erzielen wollen, sollten wir uns auf den Zeitgewinn konzentrieren. Und der geschieht durch das, was ein Unternehmer Zeitverschwendung nennt. Nur so haben wir wenigstens außerhalb des beruflichen Lebens unsere eigene Zeit. Diese eigene Zeit ermöglicht uns das Wahrnehmen mit den eigenen Sinnen. Wir sehen Zeit, wenn wir nicht ständig nur auf das Ergebnis und damit das Ende einer Zeitspanne schauen. Wenn die Zeit übersehen und mit der Zukunft oder der Vergangenheit verwechselt wird, verschwindet sie und steht nicht mehr zur Verfügung. Wir handeln ebenso. Wenn wir jemanden mehrfach besuchen, der uns dann immer nur von anderen tollen und wichtigen Menschen erzählt, stellen wir die Besuche ein. Wenn die Zeit an unsere Tür klopft und wir antworten: „Später, ich hab jetzt keine Zeit“, dann ist das schon fast skurril. Zeit kommt im Gewand von Gefühlen und Bedürfnissen. Zeit ist da, wenn wir spüren, dass wir einen Spaziergang machen wollen. Wir sollten dankbar sein, dass wir etwas fühlen. Doch eher sind wir ignorant. Wir stellen die Ratio über das Gefühl. Das Vorhaben, Hosen zu bügeln, ist uns wichtiger als das Gefühl, an die frische Luft gehen zu wollen. Damit beugen wir unsere eigene Natur und missachten die Zeit, die sich uns anbietet. Wie Trotzkinder leben wir: „Ich will aber.“ Und manchmal wollen wir aus uns heraus gar keine Hosen bügeln, Fenster putzen, Krimis schauen. Manchmal haben wir nur gelernt, dass wir das wollen sollen. Dann folgen wir alten Befehlen, die wir in unserer Vergangenheit als gut und sinnvoll gelernt haben. Wie erbärmlich sind wir doch manchmal, wenn die Ratio ihre Kapriolen mit uns schlägt. Dann fügen wir uns Schäden zu und sind auch noch stolz darauf. Und hier zeigen die Zeiträuber ihre langen Leinen. Manchmal sind Zeiträuber schon gar nicht mehr in unserem Leben, doch ihre Zeitfüllungen schwirren noch immer in unseren Köpfen herum. Da sind die Eltern längst verstorben und die Tochter poliert immer noch zweimal jährlich das Silberbesteck, weil ihre Mutter es so gern glänzen sah.

Zeit ist Lebensqualität

Stehen Sie zu Ihrem Freund, der Zeit. Geben Sie offen zu, dass Ihnen Zeit wichtig ist und Sie gar nicht rund um die Uhr Termine brauchen. Setzen Sie Signale in Ihrer Umgebung und verschweigen Sie Ihre Freundin nicht. Verleugnen Sie die Zeit nicht, indem Sie sie verschweigen. Sprechen Sie offen über Ihre Zeit und darüber, wie froh Sie sind, sie zu haben. So halten Sie die Zeit bei Laune und vermeiden das Gefühl, arm an Zeit zu sein.

Es heißt in der Hermetik: „Wie innen so außen". Wie sieht es denn innen aus? Können Sie sich wohlhabend an Zeit sehen? Hier bietet sich wieder eine Parallele zum Geld an: Wer sich arm fühlt, wird knausrig und geizt mit seinem Geld. Dabei spielt es keine Rolle, ob er viel oder wenig hat. Entscheidend ist, wie er sich fühlt. Fühlt er sich arm, will er sparen. Er klammert sich an seinem Geld fest und versteift sich. Sein Leben oder zumindest sein Umgang mit Geld wird zu einem Krampf. So verbaut er sich selbst alle Wege, Möglichkeiten zu finden, neues oder mehr Geld zu verdienen. Angst ist ein schlechter Ratgeber, das wissen wir ja. Wer geizig ist, der wird auch selten großzügige Geschenke erhalten. Ein armes Leben steht ihm bevor. Wer sich unter ständigem Zeitdruck fühlt, verhält sich genauso. Er geizt mit Zeit. Er geizt mit Zuwendung zu anderen Menschen und wird daher um viele Ereignisse und Erlebnisse gebracht, die er braucht, um Zeit zu fühlen. Und er wird in der Angst stehen, Zeit zu verlieren. So glaubt er nicht an sich selbst und daran, dass ihm Zeit zur Verfügung steht.

Wie können Sie sich selbst zeigen, dass Sie reich an Zeit sind? Was bedeutet für Sie Zeit? Welche Handlungen können Sie nutzen, um zu wissen, dass Sie viel und vor allem genug Zeit haben? Manche Menschen nutzen ein Wellnesswochenende, um sich ihre Zeit zu zeigen. Andere genießen ausgiebige Feierabende mit guten Freunden und guten Gespräche. Schreiben Sie sich auf, was Ihnen das Gefühl von Zeit gibt und bauen Sie das hin und wieder in Ihren Zeitplan ein.

Merksatz

Die Zeit merkt, wenn Sie ihr feindlich gesonnen sind.

Zusammenfassung

Wer seine Zeit betrachtet und in Anspruch nimmt, hat mehr davon.
Zeit ist großzügig und nicht nachtragend.

4. Anleitung zum Erstellen eines lebendigen Zeitplans

Sie haben jetzt viel über das Phänomen Zeit gelesen und sicher einige Impulse angenommen. Doch alles Wissen und Fühlen kann immer wieder aus der Bahn geworfen werden, wenn es keine festen Regeln gibt, an denen wir uns in unruhigen Zeiten festhalten können. Regel ist ein Wort, das viele Menschen nicht gern hören. Aber seine Bedeutung ist zauberhaft. Es kommt von „König, königlich". Das zeigt sich in der lateinischen Sprache, hat aber viel ältere Ursprünge. Wenn wir Regeln als königlich begreifen, dann werden wir zu König und Königin im eigenen Leben, wenn wir Regeln einhalten. Und so ist es auch. Wir können die Haltung bewahren, wenn es um uns herum stürmt und tobt, sobald wir eine Regelsicherheit haben, an die wir uns halten wollen. Deshalb ist es wichtig, dass wir die Regeln selbst erstellen oder zumindest vollständig akzeptieren können. Regeln, die wir ablehnen, sind wie Geländer, die wir nicht anfassen wollen. Es gibt viele Trainingsbücher über sogenanntes Zeitmanagement. Viele davon sind heute überholt und viele wiederholen sich immer wieder. Gemeinsam mit Ihnen will dieses Buch versuchen, ein Zeitmanagement zu entwickeln, das zeitgemäß und realistisch ist. Es soll zu Ihrer Zeit und zu Ihrer Realität passen. Deshalb biete ich Ihnen verschiedene Regeln an; Sie entscheiden, welches Geländer Sie sich daraus bauen.

Am Anfang steht der Überblick

Nehmen Sie für dieses Kapitel Ihre Kladde zur Hand. Jetzt können Sie beim heutigen Tag beginnen, indem Sie zuerst eine Zeitinventur erstellen. Wie viele Stunden stehen Ihnen heute noch zur Verfügung? Und welche Bedürfnisse haben Sie im Hinterkopf? Schreiben Sie alle Bedürfnisse einmal auf, untereinander, und nehmen Sie wahr, dass wahrscheinlich unmöglich alle heute zu befriedigen sein werden. Das macht traurig und vielleicht auch wütend. Manche Bedürfnisse warten vielleicht schon seit Jahren oder Jahrzehnten auf ihre Erfüllung. Sie glauben schon kaum noch daran. Und nun haben Sie es schwarz auf weiß: Sie haben nicht genug Zeit für Ihre aktuellen Bedürfnisse. Gönnen Sie sich ein paar Minuten Gefühl. Wenn Sie so weit sind, dass Sie diese schreckliche schmerzliche Tatsache akzeptieren können, machen Sie weiter. Die erste Regel, die ich Ihnen anbiete, heißt:

Ich kenne alle meine Bedürfnisse und akzeptiere, dass ich eines nach dem anderen befriedigen werde.

Im weiteren Verlauf schreiben Sie bitte alle Aufgaben und Pflichten auf, die Sie zu erledigen haben. Dadurch wird Ihre Liste noch länger, aber was sein muss, muss sein. Trotz aller Bedürfnisse will die Arbeit getan werden. Nur von dem, was uns Freude bereitet, können wir unsere Rechnungen meist nicht bezahlen.

Bleiben Sie bescheiden

Sie können alles planen, was in Ihrem Horizont liegt. Aber Sie können nicht Ihre Umgebung kontrollieren. Nehmen wir an, Ihnen bleiben heute noch vier Stunden Zeit. Diese vier Stunden können Sie füllen. Doch Sie existieren nicht losgelöst von Ihrer Umgebung. Sie können nicht ahnen, dass Ihr Freund gerade heute mit Ihnen telefonieren möchte oder dass der Hund gerade heute Durchfall bekommt. Also bleiben Sie bescheiden und übernehmen Sie nur die Verantwortung für zwei Drittel Ihrer Zeit. Die andere Zeit lassen Sie unverplant. Sie wollen schließlich nicht durch unvorhersehbare Ereignisse im Plan gestört werden. Wenn Sie vier Stunden zur Verfügung haben, dürfen Sie sich also jetzt für etwa zwei und eine halbe Stunde eine Füllung überlegen. Das muss gar nichts Sinnvolles sein. Auch der Inhalt „Ich denke über mich nach" ist zulässig. Wenn Sie sich nun fragen, ob Sie nicht zuerst alle Pflichten abarbeiten sollten, dann kann ich nur mit einem entschiedenen „Nein" antworten. Zeitplanung wird Ihnen keine Freude machen, wenn Sie damit nur ans geregelte Arbeiten kommen. Vergessen Sie nicht die Sorgepflicht für Ihre eigene Person. Sie sind ja nicht nur nach außen, sondern auch sich selbst gegenüber verpflichtet. Deshalb ist ein Entspannungsbad genauso wichtig wie die Steuererklärung. Nehmen Sie sich vor, jeden Tag als Maximum zwei unangenehme Aufgaben zu erfüllen. Denn wahrscheinlich sind Sie auch noch berufstätig und haben viele andere zeitlichen Bindungen zu erfüllen. Da bleibt Ihnen ja nicht so viel Zeit zu Ihrer eigenen Gestaltung. Zeitplanung ist eine sanfte Angelegenheit. Mit der Brechstange würden Sie sich nur frustrieren. Die zweite Regel lautet:

Ich plane und entscheide über zwei Drittel meiner Zeit.

Entscheiden Sie klug, was heute geschehen soll und was noch warten kann. Es wird immer mehr auf der Warteliste stehen, als Ihnen lieb ist. Das bringt das Leben so mit sich. Aber wenn Sie die Liste Ihrer Bedürfnisse und Aufgaben gut pflegen und im Auge behalten, werden Sie Ihre Zeit so füllen, dass Sie glücklich leben können.

Bleiben Sie realistisch

Eine große Hürde bei der Zeitplanung ist die realistische Einschätzung der Dauer einzelner Handlungen. Ihnen sollte das inzwischen leicht fallen, Sie haben Ihr Zeitgefühl ja im ersten Kapitel trainieren können. Doch manchmal schätzen wir uns schneller ein, als wir wirklich sind. Machen Sie sich also immer klar, wie lange Ihre Vorhaben dauern, damit Sie sich nicht selbst ständig hinterherlaufen müssen.
Hier heißt die Regel:

Ich schätze meinen Zeitbedarf richtig ein.

Sie haben jetzt einige Regeln für Ihre Zeitplanung gelesen.

Ich habe und behalte den Überblick.
Ich bleibe realistisch.
Ich bleibe bescheiden.
Ich schätze meinen Zeitbedarf richtig ein.

Gehen Sie geduldig mit sich um

Sie wollen vielleicht sofort Ihren Umgang mit der Zeit viel besser pflegen als bislang. Sind Sie voller guter Vorsätze und Tatendrang? Dann beruhigen Sie sich und trinken in aller Ruhe eine Tasse Kaffee oder Tee. Rom wurde auch nicht an einem Tag erbaut und ein gutes Zeitmanagement ist nicht leichter zu errichten. Beginnen Sie jeden Tag von vorn. Denken Sie abends darüber nach, welche Fehler Sie gemacht haben und machen Sie es am nächsten Tag besser. Werfen Sie sich nichts vor und belasten Sie sich nicht unnötig. Gehen Sie geduldig mit sich um und gönnen Sie sich ein erfülltes Leben.

Was nützt Ihnen ein Zeitplan? Wenn Sie Ihren Zeitplan immer morgens erstellen, haben Zeiträuber und Störungen weniger Chancen, Ihre Zeit zu stehlen. Sie können sich mit einer gewissen Gelassenheit und inneren Ruhe durch Ihren Tag bewegen und es wird Ihnen leichter fallen, „Nein" zu sagen. Sie haben dann eigene Vorstellungen und eigene Bilder und sind weniger leicht zu beeindrucken und zu manipulieren als Menschen ohne einen eigenen Plan. Und schon sind wir wieder bei einem interessanten Wort angekommen und können uns die Muße gönnen, darüber zu philosophieren. Es geht um das Wort „Plan". Dieses schöne Wort ist leider oft mit negativen Empfindungen verbunden, weil es so oft missbraucht wurde. Plan, das bedeutet „eben, gerade". Vielleicht könnte man auch eine gewisse Harmonie vermuten, wenn etwas plan, also eben ist. Dann läuft es glatt und hat keine Unebenheiten. Unebenheiten mag niemand in seinem Leben. Und wer selbst planlos ist, bietet anderen die Chance, sich einzumischen und ihre Vorstellungen in seinem

Leben zu verwirklichen. Werfen Sie Ihre Vorbehalte gegenüber Plänen über Bord. Vielleicht verbinden Sie mit Plan eher Befehle oder Anordnungen, die andere Ihnen früher gegeben haben. Doch das ist nicht Plan, das ist Herrschaft. Planen kann ein Mensch immer nur für sich. Und dann befreien Pläne und geben Sicherheit. Die eigenen Pläne sind eben Geländer, mit deren Hilfe man selbst vereiste Treppenstufen gut erklimmen kann.

Zeitplanung ist schriftlich

Jetzt brauchen Sie Ihre Kladde. Zeitplanung kann niemals, wirklich niemals im Kopf erledigt werden. Gedanken können vergessen, abgelenkt oder verdrängt werden. Ein Geländer, das umgelenkt werden oder verschwinden kann, hat keinen Wert und bietet keinen Halt und keine Sicherheit. Deshalb brauchen wir Zeitplanung immer in schriftlicher Form, und zwar handschriftlich. Sie hatten für jeden Tag eine Doppelseite vorgesehen, gleich werden Sie merken, warum. Gehen Sie jetzt Schritt für Schritt folgendermaßen vor. Wir bearbeiten den morgigen Tag gemeinsam.

1. Schreiben Sie die Liste mit allen Aufgaben, Bedürfnissen und Pflichten ab, die Sie oben erstellt haben. So verschaffen Sie sich einen Überblick.

2. Schreiben Sie auf die andere Seite oben in eine Ecke oder als Überschrift das morgige Datum. Dann schreiben Sie auf, welche Zeitfenster Ihnen abzüglich der beruflich genutzten Zeit zur Verfügung stehen. Kaufen Sie keinen Zeitplaner und auch keinen Terminkalender. Diese Produkte sind für Rentner unter dem Weihnachtsbaum nett. Wenn Sie aber täglich lesen müssen, welche Stunden Ihnen nicht zur Verfügung stehen, frustrieren Sie sich nur. Ihr Zeitplan sieht vielleicht so aus:
   Vor der Arbeit 2 Stunden (5–7 Uhr)
   Nachmittags (16–19 Uhr)
   Abends (19–23 Uhr)
   Lassen Sie Platz zwischen den einzelnen Blöcken.

Sie können jetzt erkennen, dass Ihnen neun Stunden zur Planung bleiben. Ziehen Sie die Zeit für Körperpflege und Ernährung ab und tragen Sie diese Zeiten ein. Genaue Uhrzeiten brauchen Sie jetzt noch nicht, Sie wollen sich ja nicht drillen.

3. Betrachten Sie Ihre Aufgabenliste. Was muss unbedingt morgen erledigt und kann nicht auf andere Menschen übertragen werden? Unterstreichen Sie all das, auch wenn es sich um Bedürfnisse handelt.

4. Ermitteln Sie, wie viel Zeit Sie für die unterstrichenen Vorhaben einzeln und anschließend auch addiert brauchen.

5. Schreiben Sie sie in Ihren Plan unter die richtige Zeitspanne. Denken Sie daran: Sie dürfen nur sechs von den neun Stunden verplanen, der Rest bleibt frei. Denken Sie auch an die Impulszeit, wenn es geht. Notfalls sind es nur zehn Minuten, aber die müssen sein.

   Es hat nicht alles gepasst? Das ist so. Hätten Sie keinen Plan, hätte wahrscheinlich noch weniger gepasst. Es kommt ja morgen wieder ein Morgen. Denken Sie an die Akzeptanz. Sie haben wahrscheinlich Zeitschulden, da können Sie jetzt nicht auf die Schnelle etwas verändern. Zeitschulden gilt es langsam abzubauen.

6. Morgen gehen Sie genauso vor. Und zwar immer schriftlich, gut überlegt und mit Überblick und Akzeptanz. Nur einen Unterschied gibt es zum ersten Plan. Ziehen Sie vor dem nächsten Plan immer ein Resümee aus dem vorhergegangenen. Loben Sie sich für alles, was Sie eingehalten haben. Übertragen Sie, was Sie nicht eingehalten haben. Seien Sie geduldig. Ich habe als Coach gelernt, dass es grundsätzlich täglichen Übens über etwa sechs Monate bedarf, bevor die Zeitplanung gelingt. Damit Sie durchhalten, können Sie sich nach jeder Woche eine kleine oder größere Belohnung gönnen.

Lassen Sie los

Ihre Zeitplanung steckt noch in den Kinderschuhen. Wenn Sie jedoch täglich üben, werden Sie bald erste Erfolge spüren und sich entlastet fühlen. Trotzdem kann es sein, dass Sie unter Rahmenbedingungen leben, die Ihnen wenige Freiräume für Ihre eigenen Belange und Bedürfnisse lassen. Dann sollten Sie lernen, Aufgaben abzugeben. Prüfen Sie, warum Sie so viel Verantwortung und Pflicht auf sich genommen haben. Sind Sie wirklich die wichtigste und einzige Person für all Ihre Pflichten? Gibt es keinen Menschen, der etwas genauso gut kann wie Sie? Oder ruhen die anderen sich auf Ihre Kosten aus? Fürchten Sie, die Welt könnte auseinanderfallen, wenn Sie sie nicht zusammenhalten? Nehmen Sie sich Ihre Aufgabenliste vor und besorgen Sie sich drei verschiedene Stifte.

Teilen Sie die Aufgaben in drei Bereiche ein. Ein Bereich und auch eine Farbe umfasst alle Aufgaben, die Sie unbedingt selbst erledigen müssen. Dazu gehören zum Beispiel das Zähneputzen, ein Termin beim Friseur und ein Vollbad. Schließlich kann ja kein anderer für Sie baden oder Ihre Zähne putzen. Auch Bankgeschäfte machen die meisten lieber selbst und übertragen sie nicht auf andere.

Diese Aufgaben unterstreichen Sie in der ersten Farbe.

Der zweite Bereich umfasst die Aufgaben, die Sie gern selbst erledigen würden, die aber auch ein anderer erledigen kann. Meist sind das Arbeiten im Haushalt, Besorgungen und Erledigungen. Dieser Aufgabenbereich ist tückisch. Wir möchten nämlich nach Möglichkeit alles selbst machen und scheuen uns davor, andere um Hilfe zu bitten. Dabei übersehen wir, dass der Partner und die Kinder genauso wie unsere Freunde uns lieber helfen, als uns ständig unter Druck zu erleben. Wenn das auf Ihre Familie nicht zutrifft, setzen Sie auf Freunde. Sie werden überrascht sein, wie hilfsbereit Freunde sind. Diese Aufgaben unterstreichen Sie in der zweiten Farbe.

Die dritte Aufgabengruppe ist die, die Sie gar nicht erledigen sollten. Wenn Sie in einer Familie leben, dann umfasst das zum Beispiel das Aufräumen von Gegenständen, die Ihnen nicht gehören. Manche Frauen sortieren die Papiere ihres Mannes. Auch das ist eine Aufgabe der dritten Gruppe. Diese Aufgaben streichen Sie mit Ihrem dritten Farbstift durch; Sie nehmen sie auch nicht mehr in Ihren Tagesplan auf. Hier kommt es jetzt darauf an, ob Sie die Kapitel zur Angst vor Liebesverlust und zum Setzen von Grenzen gut erarbeitet haben. Nun geht es darum, Ihre eigene Haut zu schützen und abzulehnen, was nicht zu Ihnen gehört. Wenn Sie meinen, Sie seien damit überfordert, sollten Sie vielleicht professionelle Hilfe in einer Beratungsstelle oder bei einem Therapeuten suchen. Ihre Aufgabenliste hat sich nun verringert, das ist das Ziel dieser Überlegungen.

Zusammenfassung

Zeitplanung braucht Regeln, die in bewegten und unruhigen Zeiten Sicherheiten bieten.
Überblick ist eine wichtige Voraussetzung.
Zeitplanung muss realistisch sein.
Lernen Sie loslassen!

Anhang:

Tipps für die Soforthilfe

Der richtige Umgang mit der Zeit ist gar nicht so leicht, wie es auf den ersten Blick scheint. Es schnappen nämlich immer wieder Fallen zu, die wir aus der Vergangenheit kennen und trainiert haben. Die folgenden Tipps können Ihnen sofort Luft verschaffen. Sie ersetzen aber nicht das Trainieren eines Zeitplans und die Fähigkeit, Grenzen zu setzen oder die eigenen Bedürfnisse zu spüren. Wenden Sie diese Tipps also an, am besten sofort. Sie werden Ihnen Ihre nächsten Schritte erleichtern.

1. Die Schutzhülle

Sie wissen jetzt, dass andere gern Ihre Zeit rauben und nutzen möchten. Immer wieder geschieht das, und vielleicht sind Sie oft auch nicht wach genug, um es zu merken. Bauen Sie sich jeden Morgen eine Schutzhülle. Nach dem Aufstehen oder spätestens, bevor Sie aus dem Haus gehen und auf Ihre Mitmenschen treffen, kann diese Schutzhülle Ihnen wertvolle Dienste leisten. Stellen Sie sich vor, Sie stünden unter der Dusche. Aus dem Duschkopf regnet aber kein Wasser, sondern sanftes Gold. Sie können die Schutzhülle auch während der morgendlichen Dusche bauen. Dieses Gold überzieht Ihren ganzen Körper wie ein milder Ölfilm. Beim Abtrocknen tupfen Sie nur, damit Sie die Hülle nicht zerstören. Drehen Sie sich danach mit ausgebreiteten Armen um sich selbst und nehmen Sie wahr, wie diese Hülle Sie schützt und Ihnen gleichzeitig eine wunderbare Ausstrahlung verleiht. Ihre Mitmenschen werden mehr Abstand wahren, wenn Sie geschützt sind.

2. Ihr Zeitplan

Wenn Sie damit beginnen, einen täglichen Zeitplan zu erstellen, dann übertragen Sie die Termine mit sich selbst, die Zeit für Impulse und die anderen Vorhaben in den Kalender, den Sie nutzen, wenn Sie mit anderen Termine vereinbaren. Und nehmen Sie Ihre eigenen Termine ernst, behandeln Sie sie wie Zahnarztbesuche. So ärgern Sie sich später nicht darüber, dass Sie sich selbst wieder verpasst haben.

3. Gleichgesinnte

Kennen Sie jemanden, der ähnliche Zeitprobleme hat wie Sie? Arbeiten Sie mit ihm gemeinsam. Sie können sich einmal in der Woche über Ihre Erfahrungen austauschen und sich gegenseitig Unterstützung bieten. Doch Vorsicht: Es geht um das Erlernen der Eigenverantwortung. Weisen Sie sich gegenseitig darauf hin, wo Sie Planungs- oder Verhaltensfehler gemacht haben. Das sollte liebevoll, aber deutlich geschehen. Schimpfen Sie nicht über Zeiträuber oder schlechte Gewohnheiten. Damit ist Ihnen nicht geholfen. Betrachten Sie sich eher gegenseitig als Trainer.

4. Kaufen Sie ab sofort weniger ein

Ja, genau, das ist ebenfalls eine Soforthilfe für die Zeitplanung.

Wenn Sie viele Dinge besitzen, müssen Sie viele Dinge pflegen. Was brauchen Sie wirklich? Brauchen Sie das Porzellan für Feiertage, das Porzellan für den Werktag und zusätzlich noch das Porzellan von der Großmutter? Sie können immer nur von einem Teller essen. Doch drei vollständige Services machen echte Mühe. Da ist der Schrank, der von außen geputzt werden muss, hin und wieder auch von innen. Sie müssen um den Schrank herumsaugen. Außerdem kostet auch der Schrank Miete. Jeder Nippes, jeder Gegenstand in Ihrem Zuhause muss geräumt, gereinigt, letztlich auch finanziert werden. Das kostet Zeit. Geben Sie ab sofort nur noch an einem festen Tag im Monat Geld für andere Dinge als für Nahrung aus. Die Mengen an Gegenständen, die uns umgeben, sind klare Zeiträuber, von der Zeit im Geschäft ganz zu schweigen.

5. Leben Sie nach der Natur

Ganz gleich, ob Sie an die Kraft des Mondes glauben oder an die Sprache der Bäume: Die Natur stellt uns viele Hilfsmittel für die Zeitplanung bereit.

Gewöhnen Sie sich an, nur bei zunehmendem Mond einzukaufen und nur bei abnehmendem Mond zu entrümpeln. So brauchen Sie nicht immer lange über den passenden Zeitpunkt nachzudenken. Die Zeitplanung nach dem Mond nimmt Ihnen viele Überlegungen ab. Das erleichtert das Leben. Einige Regeln aus den Überlieferungen unserer Vorfahren habe ich für Sie zusammengesucht.

Unsere Vorfahren füllten ihre Zeit grundsätzlich nur nach der Natur. Sie beobachteten den Himmel mit seinen Sternen und die Erde mit Pflanzen und Tieren. Mit nur dieser Zeitplanung entwickelte sich der Mensch zu dem, was er heute ist. Erfolgslos waren sie nicht, die Alten.

Sie können einige Zeitregeln einfach übernehmen. Ob sie wissenschaftlich haltbar sind oder nicht, spielt keine Rolle. Es gibt ja auch keine wissenschaftliche Grundlage dafür, am 31. Dezember das Jahresende zu feiern.

Zuerst können Sie den Mond zu Hilfe nehmen. Wenn Sie etwas aus Ihrem Leben wegräumen wollen, tun Sie das bei abnehmendem Mond. Wollen Sie etwas hinzugewinnen, wählen Sie die 13 Tage, in denen der Mond zunimmt. Dann können Sie zusätzlich die Tierkreiszeichen zu Hilfe nehmen. Alle Dinge, die viel Kraft brauchen, um zu gelingen, erledigen Sie, wenn der Mond in Widder, Schütze oder Löwen steht. Emotionale Fragen werden in den Fischen, Krebs oder Skorpion eingeplant. Wenn Sie Aufgaben vor sich haben, bei denen ein wacher Verstand von größter Bedeutung ist, nutzen Sie die Tage, an denen der Mond in den Tierkreiszeichen Waage, Zwillinge oder Wassermann steht. Immer, wenn es um Geld oder Genuss geht, wählen Sie die Erdzeichen, das sind Steinbock, Stier und Jungfrau. Viele Menschen schütteln bei Horoskopen und Astrologie den Kopf und halten beides für Blödsinn. Das kann sein, aber diese Zeitregeln helfen dabei, Entscheidungen schneller zu treffen und nicht lange über den rechten Zeitpunkt zu grübeln. Bitte halten Sie die obigen Zeilen nicht für einen Grundkurs in Astrologie. Selbstverständlich gibt es viel mehr zu beachten, doch für das Thema Zeitplanung im realen Alltag reichen die Informationen aus, um Anleitung und Unterstützung zu bieten.

Mit dem Blick in den Himmel lassen wir es jetzt gut sein, betrachten wir die Erde. Auch die Erde lebt einen Takt. Der Takt der Pflanzen und Tiere ist der, der auch im Menschen angelegt ist. Diesen Takt sollten wir uns ganz genau anschauen und ihn begreifen. Selbst unsere Körperorgane sind an diesen Takt gebunden. Wenn wir etwas Großes planen und etwas beginnen wollen, dann sollten wir die Zeit des Erblühens wählen. Das sind die Monate März bis Mai. Wir haben dann mehr Kraft und mehr Lebensfreude, auch bedingt durch die Natur, die uns einfach gute Laune macht. Wenn wir vorsorgen wollen, dann am besten im Herbst. In den Monaten August (Getreide) bis Oktober bietet uns die Natur alles an, was wir brauchen, um über den Winter zu kommen. Es lohnt sich, auf diese Rhythmen zu achten, denn unsere Umgebung steht dann mit uns in Harmonie. Es gibt weniger Widerstände zu überwinden. Stellen wir uns das Gegenteil vor. Jemand möchte ein neues Haus bauen. Würde er im Winter beginnen? Es ist heute gut möglich, dank technischer Hilfen, alles zu jeder Jahreszeit zu erledigen. Doch wie geht es dem Bauherrn, wenn er sich auf der Baustelle die Hände abfriert und er sein Werk nur bis etwa 17 Uhr überhaupt sehen kann, weil es so früh dunkel wird? Er wird viel mehr Freude haben, wenn er im März oder April startet. Dann kann er sich an den Schneeglöckchen im späteren Vorgarten erfreuen und sich von der Sonne wärmen lassen, während er durch den Rohbau klettert. Oder stellen Sie sich eine Frau vor, die im Frühling Vorräte anlegt. Es macht kaum Freude, einzukochen, wenn die Natur täglich alles üppig bietet. Der Herbst lädt dazu ein, Vorräte anzulegen, denn er zeigt uns, dass der Winter nicht mehr weit ist. Im Sommer ist man länger auf, im Winter geht die Natur früher schlafen. Das alles hat einen tiefen Sinn, der die Lebensprozesse zusammenhält. Diesen Sinn sollten wir uns auf keinen Fall entgehen lassen. Wir dürfen nicht ignorieren, dass wir natürliche Wesen sind, denn das ist eine Ignoranz für das Leben.

Die Regeln der natürlichen Zeitplanung fasse ich noch einmal zusammen.

Nach dem Mond werden Aufgaben, die etwas ins Leben bringen, bei zunehmendem Mond, Aufgaben, die etwas aus dem Leben entfernen sollen, bei abnehmendem Mond erledigt.
Wenn wir unsere Aufgaben in Qualitäten einteilen, können wir den Mondstand in den Tierkreiszeichen zu Hilfe nehmen.
Ruhende Natur bedeutet Ruhe in unseren Zeitplan, Aktivität in der Natur bedeutet Aktivität für den Menschen.

6. Bauen Sie sich eine neutrale Zone

Manchmal läuft alles schief. Sie haben einen tollen Zeitplan gemacht, alles gut überlegt und sind hoch motiviert. Doch Sie scheinen mit dem falschen Fuß aufgestanden zu sein. Oder die Welt scheint sich verschworen zu haben. Dann atmen Sie tief durch und entscheiden Sie, diesen Tag – so gut es geht – zu Ende zu bringen. Sie können morgen neu starten, wenn heute nichts mehr klappt. Nur beenden Sie den Tag auf jeden Fall mit einer Handlung oder einem Erlebnis, das Ihnen gut tut. Wenn nichts mehr zu retten ist, dann muss man das auch akzeptieren können. Morgen geht die Sonne wieder auf und alles stellt sich anders dar. Wenn Sie solche Tage öfter als dreimal im Monat haben, dann liegt es nicht an Ihrem Zeitplan, denn das wäre zu häufig. Dann könnten andere, emotionale Ursachen zugrunde liegen, die Sie fachmännisch abklären sollten. In diesem Fall wenden Sie sich an einen Heilpraktiker mit psychologischer Qualifikation oder an einen Therapeuten. Es kann sogar sein, das körperliche Ursachen wie Eisenmangel oder eine andere Unterversorgung dafür verantwortlich sind.